红色经典系列

赵一曼

张麟 舒扬———著

中国工人出版社

图书在版编目（CIP）数据

赵一曼 / 张麟，舒扬著. —北京：中国工人出版社，2021.3
ISBN 978-7-5008-7629-8

Ⅰ. ①赵… Ⅱ. ①张… ②舒… Ⅲ. ①赵一曼（1905—1936）—传记 Ⅳ. ①K827=6

中国版本图书馆CIP数据核字（2021）第041789号

赵一曼

出 版 人	王娇萍
责任编辑	姚 宁 樊晓哲
责任印制	黄 丽
出版发行	中国工人出版社
地 址	北京市东城区鼓楼外大街45号 邮编：100120
网 址	http://www.wp-china.com
电 话	（010）62005043（总编室）
	（010）62005039（印制管理中心）
发行热线	（010）82029051 62383056
经 销	各地书店
印 刷	北京美图印务有限公司
开 本	880毫米×1230毫米 1/32
印 张	5.125
字 数	96千字
版 次	2021年4月第3版 2024年1月第5次印刷
定 价	22.00元

—— 编者的话 ——

二十世纪五六十年代，工人出版社出版了一批革命历史人物传记，如《把一切献给党》《我的一家》《赵一曼》等，伴随了几代人的成长。这些作品至今已经畅销数百万册，有的甚至超过千万册，为广大读者所喜爱，显示了强大的生命力和影响力。

而今，我国社会主义建设在各个领域取得了举世瞩目的成就，已经全面建成小康社会，人民群众正行进在不断追求美好幸福生活的康庄大道上。久经磨难的中华民族迎来了从站起来、富起来到强起来的伟大飞跃，迎来了中华民族伟大复兴的光明前景。然而，这一切是多么来之不易。从十九世纪中期的鸦片战争开始，内外交困、苦难深重的中国人民经历了太平天国、义和团运动、洋务运动、维新变法、辛亥革命、新文化运动、北伐战争、土地革命、抗日战争、解放战争等重大历史进程，在自救和自强的道路上苦苦求索。历史最终选择了中国共产党，选择了社会主义道路。

在建立和建设社会主义现代化中国的过程中，无数的中华儿女献出了自己的热血和生命。我们不应忘记欧阳梅生和他的妻子儿女在大革命期间的巨大牺牲，不应忘记年轻漂亮、能文能武的女英雄赵一曼在抗日战争时期红枪白马的英姿，也不应忘记普通煤矿工人出身的“中国的保尔”吴运铎身上所迸发出来的坚强意志……这些为中华民族伟大复兴作出重大贡献和牺牲的英勇无畏、奋发向上、可敬可爱的革命者和建设者们，将永远镌刻在共和国历史丰碑上。

2021 年 2 月，习近平总书记在党史学习教育动员大会上指出：在一百年的非凡奋斗历程中，一代又一代中国共产党人顽强拼搏、不懈奋斗，涌现了一大批视死如归的革命烈士、一大批顽强奋斗的英雄人物、一大批忘我奉献的先进模范，形成了一系列伟大精神，构筑起了中国共产党人的精神谱系，为我们立党兴党强党提供了丰厚滋养。要教育引导全党大力发扬红色传统、传承红色基因，赓续共产党人精神血脉，始终保持革命者的大无畏奋斗精神，鼓起迈进新征程、奋进新时代的精气神。

值此中国共产党成立一百周年、全党开展党史学习教育之际，我社再版重印《把一切献给党》《我的一家》《赵一曼》等红色经典作品。让我们重温经典，在回顾历史中不忘来时路，听党话、跟党走，让“把一切献给党”成为永恒的主题。

目录

第一章　死　水

一

一条青色的小河，悄悄流过竹丛。她性格恬静、温柔，不爱喧哗。就是雨季山水暴发的时候，她也不变颜色，不发脾气。只是从容不迫地向前，奔往大江。

离河不远的山腰上，有个叫白杨嘴的小村。这个孤独的山村，前后左右都被绿竹包围着。奇怪的是，并没有一棵白杨树。

赵一曼就出生在这个只有三户人家的小村里。她兄弟姊妹八个，她是父母最小的女儿，在她下边，还有一个比她小三岁的弟弟。几个姐姐都出嫁了，哥哥也成了家。留在父母膝下的，只有这一对小姐弟。而小一曼看来更伶俐些，因此也更受宠爱。

她是个任性而骄傲的孩子。不知从什么时候开始，家里有了这种规矩：来了客人，端茶送烟都是她的事，如果谁侵犯了这种权利，她会当着客人的面打滚。人家送来的礼物，照例也由她分配；不然，她会把东西扔得遍地都是。这没有什么奇怪，哪个被溺爱的孩子不是这样呢？

八岁那年，家里立了私学，人们把它叫作“鸡婆学堂”，一位先生教十来个学生，就像一只母鸡带着一群鸡娃儿。

小一曼读的是《三字经》。别人随便提哪一句，她都会像流水一样背下去，可是，书本已经磨烂了，书上的字还不认识。

她不喜欢费脑筋。

最讨厌的是，先生总爱搜抽屉。有时翻出一盒吃桑叶的春蚕，有时又在盒子里倒出几只色彩斑斓的蝴蝶。有一次，书桌里传出知了嘹亮的歌声。先生走了过来。正当他弯身搜查这个不知趣的“歌手”的时候，小一曼把一只螳螂放进了先生的脖领里。

为这些事，她常受申斥。因此她觉得世界上最可恶的人，就是教书先生，最可恨的事，要数“读书”。

这年夏天，城里起了兵变，乱兵闯到乡下，到处抢劫。父亲带着一家人逃到五宝镇外婆家。大姐夫郑佑之也带着大姐从画象嘴逃来了。他们住在一个院子里，一锅吃饭。小一曼觉得快活：不是跑反，哪能这么热闹！天天跑反才好呢！

这个大姐夫，别人都说是个怪人，因为他不肯做官，却跑去当兵；既不抽大烟，也不会赌博。可是小一曼喜欢他，瞧瞧那把大胡子，多威风！就像一蓬笤帚苗子。大姐夫见面就送了她许多画片，有一张画着冒烟的船，小一曼真喜欢：坐上它航海该多好！

但是，不出三天，小一曼就有些扫兴了。这个郑大胡子真多事：在镇上找了几个孩子，要办什么学堂！他自己要当什么老师！人家《三字经》都会背了，还用你教！小一曼翻开课本，又变了念头。课本是大姐夫从城里带回来的，什么国文、算学，都没见过，好像比“人之初，性本善”有趣得多。还有一点，小一曼也满意，她不必担心搜查了。大姐夫看见蝴蝶，不仅不没收，还会说这是毛毛虫变的，它飞来飞去是采集花粉，让花儿结果实。这个大胡子啊，真有意思，一根草，一朵花，一个小虫，都能讲出道理。

每天晚上，小一曼都要和弟弟一起，做习题，写字，造句。吃过晚饭，老师就坐在桌边看书或给朋友写信。三个人一张方桌，守着一盏桐油灯。这又是小一曼所不习惯的。她心里光惦记着：鸡笼关了没有？鸭子是不是在塘里露宿？也许镇上的孩子又玩捉迷藏了。这样的夜晚难道是做功课的时候吗？

“蚊子！”一曼的小手啪地响了一声。

“奇怪，蚊子光爱咬你。”大姐夫头也不抬，只顾看书。

小一曼想吵架。

“怎么没有！你看，我手上还有血呢！”

“好啦好啦！”大姐夫不想辩论，“快做功课，专心些，蚊子就不咬了！”

小一曼叹了口气。大胡子不讲理，你有什么办法，只好做习题。

有天晚上，大姐夫布置了作业，要去给病了的大姐煎药。小一曼探头一看，窗外月光朦胧，竹林里萤火闪烁，银河白花花的，像翻着浪花。小一曼忽然想起今天是七夕，妈妈说过，牛郎要挑着孩子去会织女了。“神仙也得跑反，小神仙还见不着娘！”小一曼同情神仙的不幸，心里真难过。她拉着弟弟的小手，夹着作业逃跑了。

她和弟弟坐在银杏树下。四只黑黑的小眼睛眨也不眨地望着银河。

“喜鹊怎么还不搭桥呢？”弟弟问。

听说银河双星不愿别人来窥探自己的秘密，她捂住了弟弟的嘴。

树叶上清凉的露珠，滴到她脸上。

“别作声，神仙在哭……”

“我困了！”弟弟打起哈欠来了。

“讨厌鬼！就会捣乱！谁叫你来的！”她推了弟弟一把。

弟弟一走，小一曼又后悔了。树后黑乎乎的，是什么东西呀！她忙背靠着树，不看它。

小一曼屏声息气，望着银河。银河上，雾气蒙蒙。既没有青牛，也没有飞来喜鹊……她的眼皮渐渐合上了。

深夜，父亲把她抱了回去。

第二天上课的时候，老师问弟弟："你的算术习题呢？"

"她也没有做！"弟弟指着姐姐。

"我是问你，没有问别人。"老师第一次变得严厉了。

小一曼慌忙拉开抽屉，翻了一遍，什么也没有。她一抬头，却看到扯得只剩下几页的本子在老师手里。原来是昨天晚上失落了。她拿过本子，好像要弥补自己的过失似地说：

"你莫生气，我马上就做好！"

她站在那里，一口气做完了五道习题。

"奇怪，这是啥子算术呀！越减越多！"

同学们哄一声笑了。弟弟笑得最响，还做鬼脸。小一曼恼了，扑过去又抓脸，又揪耳朵。

弟弟跳着脚大哭起来。

"好厉害！"老师一边排解一边说，"你算错了，怎么怪人家的耳朵！"

小一曼羞红了脸，摔下铅笔，跑了出去。

晚上，老师像往常一样，坐在那里看书。弟弟做完习题，要回去睡觉了，老师告诉他，叫姐姐来温课。弟弟出去喊了两声，没人答应，回来说：姐姐睡了。可是，话音没落，姐姐跟着走进来打断了他的话：

“哪个睡觉了？你光说瞎话！我自己的功课，自己会做！用不着你管！”

小一曼坐下来，低下头，专心地做着功课，一眼也不敢看大姐夫。

二

秋天，大姐夫忽然进城打官司去了。有个什么团总，趁着兵乱浑水摸鱼，带了伙人，跑到大姐夫家挑走十石谷子，大姐夫带了人证物证，上衙门里告了团总。临走，大姐夫还留下作业，说他三五天就回来。

可是，过了几个月，大姐夫也没有回来。城里来信说，团总的哥哥是参议会议员，他们买通了衙门，给大姐夫加个“诬告”的罪名关起来了。

学堂停了课。大姐长期生病，卧床不起。小一曼怕大姐伤心，整天守着她，端饭、送水、熬药。大姐有时难过得哭一场，小一曼也跟着掉泪。

过年前三天，又花了十石谷子才把大姐夫保出来。大姐夫模样全变了：头发老长，一把黑黝黝的连鬓胡子，树叉起来，眼睛冷森怕人。他坐在火盆边，只顾拨着炭火，不说一句话。小一曼目不转睛地看着大姐夫。忽然，大姐夫摔掉火钳，喊了一声：“这个社会太黑暗了！”

小一曼看看四周，怯生生地说：“我去把灯拨亮点儿。”

“不！要放火！把一切全烧光！”大姐夫站了起来，他那高大的个儿，把灯光全遮住了。

小一曼愣住了，心想，为什么要烧房子呢？她仰起脸，望着大姐夫，说不出话。大姐夫挥动着攥紧的拳头说：“这个社会，只有强权，没有公理！应该放把大火，把丑恶的东西烧个精光！你明白吗？”

小一曼不明白。不过，她还是点了点头。因为她应该让人知道自己是很懂事的。

元宵节以后，他们又恢复了正常的读书生活。只是大姐夫变得更加严肃，对功课的要求也更严格了。如果习题错了，就让你重做。他只说“有错”，可又不说错在哪里。因此小一曼常常不得不把习题做上三五遍。到吃饭的时候，习题做不好，不许你离开座位，他也不离开座位。

“你得多用脑子！不要靠别人替你思想！你做上三遍，就知道错在什么地方了！”

小一曼听不惯责备的话，只得咬着嘴唇，忍着饿，琢磨那些该死的习题。要是从前，哭闹一场，妈妈准会出来救驾。现在你撒娇试试看！大姐夫会长吁一口气说：“既然不肯读书，就当个睁眼瞎子吧！也许无知无识，头脑里空空洞洞，倒过得安逸些。靠祖上的田产，也可以混一辈子。”不，宁愿做一百遍习题，也不肯听这些话。

妈妈疼爱她，有一次，把饭菜端到书桌上，替她求情。小一曼感到受了侮辱，把饭碗也给打翻了。

夏天，全家都搬回了白杨嘴。

人们习惯把白杨嘴叫作中白杨，因为冲口有个下白杨，冲里有个上白杨。这三个小自然村，中间不过几百步路，站在门口说话都听得见。上白杨住的全是穷苦族人，只有几十间破房，遍地牛屎猪粪。小一曼是从来不去的。

家里又过起了安逸枯燥的日子。早晨起来，父亲照例坐在药柜跟前，等着给人看病、抓药。无人上门，就闭上眼睛，抱着水烟袋，动也不动地坐着，一天又一天。他年轻的时候，用四十两银子捐了个监生。有了顶戴，就有上京赶考的资格，见了县太爷还可以免跪，犯了法也免打屁股。不过，他从来没有走出这个几乎与世隔绝的山村，顶戴也就不起作用。在家庭里，他是个专制暴君，没有顶戴，也可以随心所欲。优裕的生活把他毁了。衣来伸手，饭来张口，他不受操劳之苦，也得不到生活的乐趣。有人说他比神仙还要享福，但也像神仙一样单调和寂寞。他一边慨叹着无所事事，荒废了青春，一边又在卧榻上点起了烟灯。苦闷无处发泄的时候，他就毒打妻子，折磨儿女。骑着马在山路上狂奔，他恨不得和马一起葬身在山涧中。小一曼爱父亲，又恨父亲。她还不理解，财富给人多少幸福，就给人多少痛苦。

为了寻求安慰，父亲开始行医。他看病是不收现钱的。求医的人家，逢年过节，大春小春，总要送些腊肉、蔬菜、鸡鸭，算作酬谢。而且送来的礼物总是远远超过那剂草药的价值。然而这也没有使他得到解脱，他不知道他和这个社会正在一起腐烂下去，生活中已经没有他的位置。

但是，对这个世界，小一曼也别无所求了。凡是她能想象到的东西，家里都不缺少。只有父亲的病，使她不安。他咳嗽一天比一天凶，脾气一天比一天坏。妈妈胆怯地跑去给他捶背，却被一脚踢倒了。小一曼不能原谅这种残忍，从此远远躲着父亲。有天早晨，他坐在藤椅上，一口痰涌上来，就此昏迷不醒了。

腊月二十五，父亲死了。一家人守着尸体哀哭。有人把大哥从赌场找回家，他一进门，也捶胸顿足嚎起来。小一曼感到惶惑，活着盼他早死，死了又叹他短寿。这是怎么回事啊？为了举办丧事，家里卖了二十石田。大哥李席儒成了一家之主。他不仅接管了父亲的账本，也接管了父亲的水烟袋。家里来了客人，他也端出大烟盘子，摆一摆家长的派头。

丧事过后，小一曼依旧跟大姐夫读书。父亲离开人世，并没有给生活留下阴影。从大姐夫那里，她知道这个世界还很广大，刮风下雨，日出日落，都有学问。

小一曼正做着功课，忽然听见竹园里，山羊咩咩叫着，想起她喂的那只山羊怀了羔，也许快要下生，心又飞远了。她慌里慌张就往后山上跑，大姐夫在竹林里拦住了她。

“坤泰*，我得跟你谈谈，”大姐夫神情严肃地说，“你不是娇女了，应该管住自己。你人在书房里，却没有心思读书，这怎么行？如果你愿意糊里糊涂过一辈子，那也由你。可是，我不能再教你。……”

开头，她准备用各种理由来替自己辩护，但是看到大姐夫锐利的目光，觉得事情不妙，她那双挑战似的眼睛逐渐温和了，黯淡了。

“你太任性了，想怎样就怎样。将来你要做个什么样的人呢？”

她从来没想过将来，有吃有穿，无忧无虑，还要怎样呢？这一问倒使她惘然了。是的，自己要做个什么样的人呢？像妈妈那样吗？妈妈裹一双小脚，路都走不稳，到山后拔两棵青菜，都要爬着去。最可怕的是，父亲无缘无故就拿菜刀砍妈妈，追得妈妈满院子爬。像姐姐们那样吗？大姐、二姐都受公婆虐待，跟着丈夫逃了出来；三姐出嫁不到一年，就郁悒而死；四姐却嫁了个谁也不敢挨近的疯子！这就是人生！她从来没有把这些事跟自己联系起来，可是自己的命运，又由谁来安排呢？

“都是我不好！”小一曼第一次认错，手掩住脸，哭起来了。

这一夜，小一曼烦躁得不能入睡，脸也有些发烧。她坐在床沿上，望着窗户发呆。满山松涛澎湃，小屋好像一叶孤舟，迷失在茫茫的大海中。一个浪头，把她和抱着的小羊都卷进汹

---

* 赵一曼原名李坤泰。

涌的浪涛里。她惊叫了一声，从幻觉里醒来，心还在跳。她点上灯，走到下房，喊醒了烧锅的杨大嫂。

“杨大嫂，明天你把羊牵到蒋二嫂家去喂，下的羊羔给她，我没工夫照看了，我要好好读书！”

杨大嫂正睡得懵里懵懂，口里只“啊啊”应着，谁知道这小姐深更半夜里，想起了什么呢？

三

可是，正当一曼立下决心的时候，她却不能读书了。

按照传统的习俗，女孩子长到十二三岁的时候，就得禁头（把头发蓄起来）。这表示已经成年了。

同样的命运也落到一曼头上。那年春天，妈妈给她剪下刘海，然后又在后边梳了根辫子。

赵一曼被禁锢起来了。她不能再迈出大门，不能在大路上逗留。她不能再到田埂上采茶，也不能再到前边竹园里去挖笋，更不用说到田里捞小鱼小虾了。妈妈嘱咐她，要回避一切男子，哪怕他们是同族的兄弟。

封建家庭，就是妇女的牢狱。

以后两三年时间，赵一曼经受着深刻的精神危机。她不学针线，也不操持家务，用这表示自己的不满和反抗。在这个死水般的家庭里，有填不满的空虚。大哥整天在外冶游玩乐，回来往烟榻上一躺，吞云吐雾。烧锅的杨大嫂半夜还要起来给他炸薯干，煮醪糟；日上三竿不起，还得做两顿早饭。在他看来，这就是“享福”。

嫂嫂呢，也是金枝玉叶，娇生惯养。从到婆家，就没下过厨房。闲得无聊，就生是非，请家门评理。小小的家庭竟没有一天安宁。

赵一曼开始厌恶这种生活了，可是她不知道自己也沾染了由这种腐化生活而养成的疏懒习惯。她住的小屋，墙壁是黑漆木板，就是正午，室内也阴暗无光，像一座坟墓。早晨起来，床也不铺，被也不叠，头也不梳，脸也不洗，赤着脚坐在床沿上，一个哈欠接一个哈欠。

生活是多么无聊啊！

那时候，大姐夫已经当了柳家乡高等小学校长。他本来学的是实业，尽可以在衙门里谋事当差，求官得禄。但是他痛恨社会的黑暗腐败，就离开了县城，立志献身平民教育，来改造乡村。他卖掉了家产，帮助穷苦学生读书，自己粗衣素食，过着苦行僧似的生活。幺弟、侄子们都跟大姐夫上学去了，她连一个谈心的人也找不到。大姐夫和大哥水火不容，两人见不得面，见一次面，翻一次脸。可是，大姐夫却把大哥的孩子带去上学。赵一曼羡慕他们，同时又恨自己是个女子。

二姐坤杰住的近，还常来看看。那时姐妹俩就躲在小屋里，享受着稀有的快乐。姐姐忙着给她画鞋样，裁衣；而妹妹就讲着从书本上读到的海外异闻，好像她是刚刚远游归来……

但当她独自闷坐的时候，就不能忍受了。远处偶尔传来一声犬吠，一声鸡啼，就像置身梦中似的。这个小山村是多么的寂寞！连货郎担子的拨浪鼓声都听不到。好像它已经被整个世界遗忘了。她拿起那本破旧的唐诗来吟诵，可是那往往更使她厌倦。她坐在窗前，凝视着那一树雪白的梨花。褐色的小燕子呢喃着，在檐前翻飞。这也叫人心碎，仿佛燕子就是自己的化身，只有靠主人的善意，才能在人家的堂中筑巢，躲避风雨。赵一曼感到，在这个家庭里，自己是陌生的客人。而且失去了一件最重要的东西。她和人生隔绝了。

“这样活着有什么意思！”赵一曼想，“再这样下去，我要发疯了！”

晚上，她背着妈妈，跑到大哥房里。大哥刚赶场回来，还没有来得及点烟灯。

“大哥，我要出门读书！”赵一曼说。

李席儒一边宽衣一边说：

“女子无才便是德，上什么学！你知道多数的女生，在校内私自怀胎，跟人逃走，师生苟合……”

应该说，李席儒这番话，不怀丝毫恶意，甚至是出于爱护。如果父亲、祖父在世，也会点头赞同的。这些传统观念，在他头脑里生了根，使他不用思索就拒绝了妹妹的要求。可是，赵一曼却感到受了侮辱。

“你怎么可以对我说这些下流话！就是有这样的事，也不能单怪女生，你们男人就没有责任吗?”

“我不是法官，管它是谁的责任!”李席儒不愿多费唇舌，“你走吧，我还要办正事。”

赵一曼看他那不耐烦的态度，心里冰凉。她觉得大哥当了家，表现得更顽固专横，冷酷无情。什么事情都是他做主，没有商量的余地。这种人，即使不说谎，不使奸计，也不能信任他。因为他根本不尊重她的人格，不承认她的权利，把她的合理要求，也当作无理取闹。眼看她跌进万丈深渊，也不肯拉一把。赵一曼愤怒了，大声叫嚷起来：

“你不能剥夺我求学的权利！……”

“我没有钱!”李席儒歪在床上，点着了烟灯。

“没钱?你有钱狂嫖滥赌，吸洋烟，打玩友，就没有钱供我读书?”

李席儒被揭了短，急得头上青筋乱跳，翻身往起爬，把烟灯也打翻了。他捏着拳头，在赵一曼面前晃了一下。

“贱婢子，不讨高贵!”

赵一曼挺起胸，迎面冲了过去：“你打，你打!”

李席儒哼了几哼，趿拉着鞋走了。

一直冷眼旁观的嫂子，一边收拾烟盘一边唠叨着。

“好人家姑娘，读什么书！鸡婆若能报晓，还要鸡公做什么。你哥哥为一家人累得死去活来，你不体谅他，还要气他!连口烟也抽不安逸。”

赵一曼感到一阵眩晕，喉头有股腥气。她连忙用手掩着嘴，奔回了卧室。一进屋，就吐出一大口血。

赵一曼病了。

她时而发烧，时而出冷汗，夜里睡不安静，常发呓语。但是她瞒着妈妈，她不愿让人家看出她的脆弱。

她不止一次地想，生为女子是不幸的。命运好像怀着恶意，打发她来到人世，注定要受尽摧残、欺凌。于是，她恐惧起来了，难道真的应该这样毁灭吗？

一天，她从窗户里看见大姐夫戴着斗笠，披着蓑衣，进了院子。他穿一双带钉子的油鞋，裤脚溅满了泥水。妈妈把他迎进堂屋，就哭诉起来了。赵一曼也盼到了救星，连忙拢拢头，来到妈妈身边。

“听说你吐血了？”沉默了一会儿，大姐夫问。

赵一曼惊异地扬起了眉毛。

“我是听幺弟说的，”大姐夫解释说，“为家务事气得吐血可不值得。人身上有多少血呢？吐光了还怎么活？我就不吐血！我卖了田产办学，人家还说我徇私，到城里告我！我还干我的！把那些喝人血的东西，气得吐血才好呢！”

原来大姐夫是从城里过堂回来的。因为有人想谋他校长的位置，告他霸占校产，县里不问情由，就发出了传票。

“如今的社会太腐败了。这个县城就是一副缩影。”大姐夫继续说，“国家打了胜仗要割地赔款，在乡下办些实在事情也要坐牢！光生气不行，得反抗它，改造它！不是它气死我，是我要给这个腐败社会送终！”

大姐夫很自信，在他脸上，看不出一点愁苦，失望的表情。

“这个世界正在发生惊天动地的变化，谁还有心思去生闷气。”大姐夫说着，挥了一下他那只粗糙的大手。“你看，俄国的革命成功了，北京的学生把卖国贼也打了！我就不信，他们的日子会那么好过！”

赵一曼好奇地听着，她不知道这个“他们”是谁，她想那一定是反对大姐夫的人。她很羡慕大姐夫，那么多人反对他，他都不害怕。不像她整天愁眉苦脸，好像这个世界是个苦海，把她淹没了，挣扎不出来。

现在大姐夫把她带到一个充满火热斗争的世界，虽然她还不懂这些事件的意义，可是她相信这世界上还有另一种人生：活着不是走向坟墓，花开不是为着凋零。她自己的生命原可以不这么空虚的。只是她也感到有委屈：竟没有一个人关心她。

“可是我呢？”赵一曼眼泪汪汪地说，“活着对谁也没有用处。只有妈妈需要我，好成天向我诉苦！人是自私的动物，只知道顾自己。”

“人之初，性本私。这不是新发现。”大姐夫苦笑了一下，想再挖苦几句，不过他很快就变换了口气，责备着自己，“是的，是我不对！没有好好帮助你。”

赵一曼不好意思地笑了笑。妈妈看到女儿这样，心里也畅快了些，可是不知不觉却又掉下了眼泪。

临走，大姐夫给她留下全套的教科书，还有字典。

“你现在不能出门读书，就在家自修吧！改革社会，需要知识。有了知识，才懂得社会的病根。我还可以做你的老师，有不明白的地方，写信去问我，不要摔铅笔。”

最后这一句，赵一曼知道是指什么说的，她脸红了。

从此，赵一曼开始了有条理的生活。她逐渐学会了克制自己，每个星期，都把习题、作文、日记托人带给大姐夫修改。不明白的词句，也列出来。那时候，大姐夫就会详详细细地加以说明，解释一个词句，往往要写满两三张纸。

后来，她又学英文。大姐夫把一个个字母都注上注音符号，教给她拼音方法。看不懂的，她就写信去问，信上说不清楚，就等弟弟假期回来问弟弟——现在她不那么看不起弟弟了，因为他长大了。

她就这样读完了第一册英文课本。

大姐夫还把自己在高小读书时做的算学笔记也寄来了。又替她在上海商务印书馆函授学社报了名，学社也寄来了讲义。为了省纸，她写字、做习题都先用芭蕉叶子起草，然后再抄到纸上。

她也勤快了，开始养鸡、养鸭、养兔、养羊——为的是卖些钱，拿去买书，买笔，买纸。她对大姐夫言听计从。大姐夫劝她学做针线，她虽然当面奚落大姐夫是迂夫子，看不起妇女，说“难道女子只配拈针捻线吗?”可是大姐夫一走，她就忙着拆洗破布，打袼褙，纳鞋底。

一股强大的社会思潮，在人们还没有察觉的时候，就开始改变着人们的生活。1921年，中国共产党成立了。第二年，大姐夫加入了中国社会主义青年团。白杨嘴是宁静的，但也隐隐感受到社会潮流的激荡。

大姐夫给她寄来一批又一批书报。《新青年》《觉悟》《妇女周报》《民国日报》，还有一些宣传男女平等、社会改革的小册子。这些书本上，有大姐夫细心做下的笔记，几乎每一段都有批语，说明这一段的中心意思，还说明哪些见解是不对的。在《两个工人谈话》这本书上，翻开第一页就写着：“请你留心，这本书是鼓吹无政府主义的，但它讲到资本家的剥削，则是对的，你可以着重看这些地方。”是的，这些话是专对她说的，她多么感谢这个细心的老师，就像他坐在对面，回答她每一个疑问。

赵一曼贪婪地读着，许多新鲜的思想使她的脑子有点胀疼了。她死死背熟每个似懂非懂的新名词，并且用这些来“联系”周围的生活。她对妈妈说：“妈妈，你不吃牛肉，真是太封建了!”跟嫂子口角，她就说：“打倒你这个帝国主义!”她下厨房帮助杨大嫂烧火做饭，又开导杨大嫂：“我们家剥削你，因为你有剩余价值。”

原来杨大嫂不知道什么叫剩余价值。她只知道叔叔们用斜

眼看这个“无知”的姑娘，背地说她“疯了”，而妈妈呢，又是烧香又是许愿：“观音菩萨，保佑保佑我的端女儿*吧！”

只有大哥看出些苗头，说这是害了“过激症”。一天，他跑进室内，把那些书刊搜出来，放在院子里一把火烧了。

赵一曼扑到火堆里去抢没烧完的纸片。一边叫着：“烧吧烧吧！有一天，我也会放火，气得你吐血！”

四

1923年冬天，赵一曼在人生的路途上，跨过一个重要的关口。大姐夫郑佑之介绍她加入了社会主义青年团。第二年七月，白杨嘴建立了团支部，赵一曼又被选为支部书记。

一股清风，带来了生机。被禁锢的赵一曼，终于走出黑屋，用自己的眼睛来观察，用自己的头脑来思索，认识自己生存的世界。她常到上白杨去，和农妇们坐在一起剥豌豆，谈家常；农妇们料理家务，她也帮着照料孩子。她从来不知道别的妇女是怎样生活的，也不知道别人的欢乐和悲愁，同自己有什么关系。她们是在不同轨道上运行的星体，永远遥遥相望，无法聚会在一起。虽然她一步就可以跨越到她们中间，而这一步却又多么难以跨越。

她不再自怨自艾了。因为，有更多的姑娘在向她倾诉不幸，寻求帮助。除了同情、叹息，她又能给人什么呢？她写信去问

---

* 赵一曼的奶名。

大姐夫，大姐夫要她和二姐建立“妇女解放同盟会”，先找些吃长斋的妇女去串联。因为她们朝山、化缘、做善事，接触面宽，行动方便，也不引人注目。赵一曼照着去做，团支部很快就联系了三十多人。

一天清晨，赵一曼动身到二姐家去。正是阳春三月。赵一曼爬上后山，温暖的风，在林间喧哗着，地下堆积着陈年落叶，踩下去又酥又软，就像发酵的面团似的。在这清晨潮湿的气息中，飘散着栋沁花浓烈的清香，令人沉醉。她在林间飞快地穿行着。心里有些慌张，又有一种从事冒险的快乐。从长这么大，她还没有单独走过远路。万一树林里蹿出了野兽可怎么办呢？她的心剧烈地跳动起来了。“不会的，不会的！”她安慰自己，同时加快了脚步。

不一会儿，雾消散了。太阳的红光透过浓密的枝叶，山林明亮起来了。

她来到曾家湾，二姐家才刚吃早饭。

“我是一个人来的！”赵一曼一进院子就得意地说。

“你为什么一个人走！”二姐抱怨了，“我们正要派人去接你！”

赵一曼看见大姐夫坐在银杏树下，望着她，温和地笑着，好像是说：“你很勇敢！”

“你也来了，太好了！”赵一曼又惊又喜地叫着，“你听说过我们的事吗？”

“听说过，”大姐夫不动声色地说，“你们干得不错啊，联系了这么多人！”

赵一曼听到称赞，心里很高兴，同时又怨自己来晚了，没有亲自跟他谈谈工作开展的情形。

早饭以后，大家就坐在石凳上，商量成立妇女解放同盟会的事。一提到开会，赵一曼就发慌。忙对大姐夫说：“你教教我们吧！”

“这很简单，只要通过宣言、简章，选出会长就行了，”大姐夫说，“问题是以后的工作！”

“可是宣言呢？”赵一曼刚要问，忽然想起大姐夫这次就是送宣言和简章来的。那是他花了四块银元，托人到城里刻印的。她感激地看着大姐夫，又调皮地说：

“郑兄，你就来做我们的会长吧！……”

大姐夫抚摸着自己的大胡子，微微一笑：

“也行。把胡子梳一根大辫子！”

赵一曼放声大笑。生活啊！真叫人愉快。

她还想问大姐夫，会该怎么开，讲些什么。可是，大姐夫要赶回学校上课，顾不得细说。他一走，姐妹俩就愁坏了。头一次开会，可别出丑。二姐把心一横说：

“管它！我不信比上花轿还可怕！当初我坐花轿，哭得死去活来，谁知抬到哪里，对方是人是鬼！这回是商量妇女自己的事嘛！我去通知曾大姐，四月二十八，在白花场开成立大会。”

赵一曼住在二姐家，连夜赶写通知。谁知第二天一早，大路上就过军队。那些兵沿路抢劫，枪杆上挑着鸡鸭，手里牵着耕牛，一路上烟雾腾腾，沿路的老百姓都逃光了。

赵一曼躲在谷仓里，门上加了锁，整整一天，连一口水也没喝。

白花场住满了军队。那里的姑娘们也往曾家湾逃。事情就这样耽搁下来了。

到了十月，地方才逐渐平静。二十八日，妇女解放同盟会在曾家湾二姐家召开了全体会员大会，规定由一曼报告开会宗旨。三十多人都挤在院子里，等候听她讲话。本来讲稿几个月前就准备好了，还寄给大姐夫修改过。她和二姐还演习了两遍，哪里该打手势，哪里该加重语气，都推敲过的。可是仓促间讲稿不知被塞到什么地方了。她一时手足无措，只得站起来。

“姊妹们！”赵一曼声音有些发颤，情不自禁地挥了一下手。“今天的会是个不平常的会！就像，就像给封建的牢笼放一把火！……我们妇女历来都受着沉重的封建压迫，十多岁的女孩子就缠足，像囚徒一样关在家里。我们是人，可是没有人的权利，连自己的婚姻大事都不能做主，只要父母一句话，是聋是哑都得跟人家去。穷人养不活女儿，就拿来当货物卖，做童养媳，做丫头使女，生死都不能过问。好多女孩子害怕结婚，宁肯去吃长斋，供观音菩萨，终身不嫁，就这样毁掉自己的一生！这是社会的罪恶！……”

赵一曼说出了姑娘们的心声，这些话正是她们想说又不敢说的。她刚讲完，一个老姑娘跑到跟前，拉着她的手说：

“李幺姐，你使我睁开了眼睛，从前我总怨自己命苦，恨父母无情，现在才明白是这个社会不平等！”

这个姑娘就是曾大姐，家住白花场。父母把她许给了一个白痴，她没法违背父母的意志，就在家吃素，立誓不嫁。既然得不到人生的幸福，那神龛就是最完全的避难所了。这虽然是一条可怕的路，然而这在当时却是唯一能抵抗暴力的路。

“我现在万念俱灰！”曾大姐说，“可是我愿意为姐妹多做些事，让别人少受些痛苦！”

“我们妇女要扬眉吐气，就不能做任人宰割的羔羊！”赵一曼热烈地说，“我们是人，就有做人的权利！”

会议通过了宣言、简章，选出李坤杰为会长，曾大姐为副会长，赵一曼为文书，处理会务。最后，大家拿出自己带来的食物，坐在地上会餐。

从这以后，赵一曼和二姐常去白花场。这是个大镇，有几百户人家。她们就住在曾大姐家里。妇女们有什么问题，都来找她们解决。听说谁家婆媳不和，妇女解放同盟会就出面劝解。谁家女儿受后娘虐待，她们就出面评理。有个贫农的女儿，五岁的时候，由父母包办订了婚，她的未婚夫长大吸上了鸦片，又学会了偷窃。那个姑娘来找她们，她们就托年长的妇女出面，劝说家长退了婚。她们还在白花场组织义务学校，教妇女识字、读书，由二姐当义务教员。

“我们要做人，不做任人宰割的羔羊！”成了姑娘们的口头语。可是，仅仅这一点善良的愿望，也为封建豪绅所不容。当妇女们开会的时候，他们就指使地痞在门口放上粪桶，当着会员的面说些难堪的话。有一次开完会，几个痞子跟在赵一曼后边：

“好大脚！”

“还没有穿耳朵！”

“嘻嘻！”

赵一曼走得快，他们也追得快。赵一曼跳到路边，捡起一块石头，怒喝道：“滚开！谁再往前走一步，我就叫他脑袋开花。”

“好凶！”痞子们自讨没趣，一个个都溜了。

赵一曼想起大姐夫曾经讲过：有一天，他碰见了狼，手里什么东西也没拿，他就瞪着眼睛追了过去，把狼吓跑了；如果当时胆怯，也许它就扑上来了。赵一曼一边走一边想：“还是大姐夫说得对，不能退缩！”

但是，生活并不像人和动物相处那样简单。正当赵一曼到处奔走呼号的时候，她的整个家族对她发动了猛攻，骂她“败坏门风”，威胁着把她禁闭起来。大哥在族人的策动下，找来一帮媒人，想快快把她放了人户，找个凶人来管教她。

赵一曼不再像先前那样软弱了。她是个青年团员，知道应该怎样生活，怎样斗争，更知道怎样保护自己。当媒人来议婚的时候，她就拔下一把豁麻*，站在大门口。媒人一出来，她就拦着说：

“你以后再上门，我就用豁麻豁你。你要知道，我是说得出做得到的！你最好是莫管闲事！”

不几天，二姐慌慌张张跑来说，义务学校被乡绅们捣毁了，二姐夫也被关了起来，要往城里送。姐妹俩连夜差人给大姐夫报信，求他营救。过了两天，二姐夫在押往城里的路上，被府城来的两个警丁要走了。外人都不知道，里面有个警丁就是大姐夫化装的。

---

* 一种有毒的植物，碰到人的身体就起泡，疼痛难忍。

第二章　追　求

一

家庭里出现了暂时的平静。无休止的纠纷、争吵，也会使人厌倦。李席儒新近在下白杨开了一座油坊，每天大把捞钱，只怕外人挑唆小姐妹俩来争产，不敢节外生枝。赵一曼一心要摆脱家庭的羁绊，不得不听从大姐夫的劝告，给大嫂抱娃，帮大哥记账，希望能感化他们，支持她出门读书。两边都忍气吞声，一时倒也相安无事。

但只要赵一曼不放弃自己的理想，不向封建传统屈服，她同家庭就永远无法和解。李席儒这个守财奴，顽固起来，比专制暴君还厉害。因为他判断是非曲直，不是运用智慧，而是受惯性力量的支配。既然女子是男人的附属品，就不该有自己的意志。赵一曼软的硬的办法都使过，李席儒还是不同意她出门。先说银钱紧，后来一听姐姐们愿意出钱供幺妹读书，他又要请族人公议。赵一曼恳求住在同院的两个族叔，出面劝劝哥哥。谁知这两个人当面满口答应，背后却对李席儒说：“你也太懦弱无能了！堂堂一家之长，还制伏不了一个毛丫头！”赵一曼没有请出真神，却惊动了恶煞。她不绝望，又转向社会求助。

她写了《被兄嫂剥夺了求学权利的我》，控诉专制的哥哥，控诉那两个“假道学”。这篇文章在《妇女周报》发表后，引起了反响。好多青年写信鼓励她和家庭斗争，劝她逃走，还答应帮助她。李席儒并不怕舆论的谴责。一只老狼在撕碎羊羔的时候，良心是不会有什么不安的。何况他还觉得他这样做，是在维护整个家族的声誉！他不动声色，暗中串通了邮局，把外地寄来的信件、书刊都扣留下来，看也不看就焚毁了。

赵一曼跟家庭再也无法妥协了。姐姐们和大姐夫也都主张分居，并且还来劝说妈妈。妈妈说：“只要不苦着端女儿，怎么都行。”

端阳节第二天，请出了族长。一些近亲——舅舅，姐夫也来了。李席儒在祖宗牌位前点上蜡烛焚起香，又向族长磕了头，当场立下字据：妈妈四石谷，幺弟、幺妹各三石谷，分灶另过，互不干涉。

李席儒早就盼望分家，这几年，他已经有两万串钱的积蓄，由老丈人替他放债生息，唯恐走漏风声，幺弟、幺妹也来伸手。但是把母亲分出去，又怕别人责他“不肖”，所以立下字据以后，他就装得愁眉苦脸的样子对郑佑之说：

“好好一个家，生生被人拆散了！”

郑佑之倒很镇静，他走到李席儒跟前说道：

“你应该心满意足了！今后不会有人同你争家产，也不会有人眼热你那两万串钱！放心去置田买地吧！我们要打破私有财产，谁稀罕你那几个臭钱！我们的家当比你几百万个李席儒加起来大得多！你们尽可以诽谤我，咒骂我。我不怕！只是我要警告你，幺妹、幺弟还很年轻，你要是中伤他们，我就叫你尝尝五子枪的滋味！”

郑佑之背起那顶破旧的斗笠，头也不回地走了。亲族们议论纷纷。李席儒面红耳赤，像重重挨了几巴掌。郑佑之当众揭出他的隐私，使他无地自容。

一直屏息听着的赵一曼，这时忍不住啜泣起来了。她是为大姐夫难过。为了帮助她逃脱这封建的牢笼，他承受了多少侮辱，多少委屈，多少误解呵！她扶着妈妈，呜呜咽咽地说：

“走吧，妈妈，这里太肮脏，再待一会儿，咱们的心也要被熏黑了。”

当天，母女俩搬到了上白杨。那里虽然处处是牛屎猪粪，苍蝇成阵，赵一曼也觉得比原来住的地方舒适一些。

赵一曼开始自己安排生活了。她下厨房做饭，到井边提水，甚至还喂了一头小猪。以前，走过猪圈，她都要捏着鼻子。现在她却以为这是行使自己做人的权利。

秋天，大姐夫教书的学校，被当地的团总捣毁了。他逃到城里。不久带信来说：他替一曼在宜宾女子师范中学部报了名，寒假以后可以入学。

赵一曼高兴极了，为了准备入学考试，到山边捋猪菜的时候，也带上书本，隔不几天，二姐就着人送来一批书报。她点起桐油灯，看到深夜，听见鸡啼，才和衣休息。

到了冬天，赵一曼又赶紧给妈妈做鞋，给自己做鞋。坐在阳光下，和农妇们一起糊袼褙，纳鞋底。以后进学校读书，就没有空闲做针线了。——提起做鞋，赵一曼不禁又想起大姐夫。从前鞋子是姐姐们替她做的，她长到十五岁，还没拿过剪刀。有一次，二姐送来的鞋子被大姐夫扣留了，并且责备地说：

“你们把她惯坏了！她现在不做针线，将来出远门怎么办？莫非你还得跟着她？”

二姐虽然一向袒护幺妹，却更信任大姐夫。这使一曼很气恼。她觉得大姐夫是有意歧视她。“那是女儿家的活”——这样想的时候，她总是把自己除外的。她当时就走出妈妈的卧室，表示抗议。

大姐夫却更固执，写信劝她养成劳动习惯，学会料理自己，不要指望在别人的保护下过一辈子。这些话，一曼听都不要听，她把信撕了。

六个月，她穿着仅剩下的一双鞋，前边张开嘴，后底露出窟窿。她把后跟趿拉着，又穿了半个月。

最后，她不得不向二姐求救了。

“二姐，”她在信上说，“我自己做鞋了，只是不会绱鞋头，你赶快来教教我。”

这都是几年前的事，想起来就觉得幼稚可笑。那时候，她纳一针，就要骂一声“郑大胡子”，害得她刺破手指头，勒肿了手。现在呢，她却是感激地想：“这个人哪，什么都想得到。”

过小年以前，二姐来接妹妹。可是，妈妈舍不得放她走，拉着女儿的手，只是流泪。

“端女儿，你真走吗？娘活不长啦，就在家过个年吧！”

女儿心软了。她把衣服打了个小包，交二姐带回去。约定正月初五着人来接。

除夕到了，堂屋里照例燃上了红烛。赵一曼自己写了一些春联到处贴，都是些吉庆的话：“百事如意”“出方大利”——这也正是她的愿望。夜间，母女俩在炭火边守岁，冷清清的。妈妈只是叹息。

“端女儿，你娘这一生过的什么日子啊！连一场戏都没看过，连这个县城都没出过。你这回一走就是一二百里，娘怎么放心！”

赵一曼俯过身去，把一片橘子塞到妈妈嘴里。

“妈妈，我都这么大了，还不会照顾自己？”

“你长一百岁，在娘心里也是娃儿！”妈妈哽咽了，“你娘真是受够了苦。不晓得你父亲是中了什么邪，总是把刀子磨得快快的，放在枕头旁边，要杀我。吓得我夜里不敢合眼，也不敢动，有一回，追得我满院子爬……”

这些话，赵一曼不知听过多少遍。每次，她都要制止妈妈。可是不让她说这个，又能说什么呢？这就是妈妈的一生。多可怕的一生哪！

“妈妈，莫提这些了。这都是社会黑暗！父亲也受了它的害。”

妈妈好像没听见，一边抚着女儿的头发，一边说：“你娘这一辈子快完了，只望你莫再过这种日子。”

窗外，传来了鸡啼。新的一年降临了。一连几天，赵一曼都反锁着门，躲在屋里。她需要清理一下不用的东西。她从坛子里掏出一大堆信件，一封一封翻阅着。从大哥烧书以后，她收到的信件都偷偷藏在平常腌菜的坛子里。这里有大姐夫给她开列的“马克思主义必读书目”，也有大姐夫给她填的杂志订单，用红墨水批改的作业。还有一些陌生朋友的来信。大姐夫说，写信讨论问题，可以磨炼思想，也可以增长见识，因此给她介绍了好多不相识的朋友。

翻着信件，赵一曼不禁又想起大姐夫来了。这些年，他就好像一直站在她的身边，时刻指点她，照料她。他鼓励她做个卢森堡那样的无产阶级女革命家，鼓励她要像列宁那样坚定，鼓励她向恶势力斗争，但又不要一味乱闯。“因为你是新出来的，学识既少，胆气必弱，如果弄得人人反对你，会把你那点上进心也打退了。”他劝她要务真实的学问，要接近受苦的人。几乎她要走的每一步，他都查看过，哪里有陷阱，哪里有坎坷，都指点给她。每次遇到难处，她就翻出这些信件重读一遍。她用牛皮纸一层又一层把信件包裹好，要永远珍藏起来……

初五，是个晴朗的日子。赵一曼早早起来，去同妈妈告别。妈妈眼睛浮肿，白发蓬乱，似乎哭了一夜。

“真要走吗？”妈妈问，并不望望女儿。

赵一曼心乱如麻，扑过去搂着妈妈，把头藏在妈妈怀里，“妈妈，妈妈！我也是没有办法，我不能这样毁掉啊！”

妈妈不声不响地抚着女儿的头发。

天快晌午了，还不见人来。赵一曼心里焦急，不时地跑到田埂去张望。最后她决定不再等了。妈妈要找人送她。

“算了，妈妈，不要弄得人人都知道！”

赵一曼头也不回地走了。

刚转过一个山嘴，就碰见了二姐差来的老妈妈。原来这老妈妈一路上拜年，见个熟识人家就进去坐坐，喝点醪糟，吃几个汤圆，所以把时间耽搁了。

在二姐家住了一夜。一曼怕大哥阻拦，事先就把行李、蚊帐运到了二姐家。二姐找来几根棕绳，把行李紧紧裹好，打成两个圆鼓鼓的大包。

“你没走过长路，我已经雇人来挑了。”

赵一曼摇摇头。

“以后再长的路也得走，我得锻炼哪！”

二姐拗不过，只好辞退了脚夫。

第二天微明，姊妹俩把行李重新打好，就上路了。赵一曼又是兴奋又是难过。她只是担心妈妈：她一个人，该多寂寞呀！她为了排除心中的烦闷，赵一曼便加紧脚步赶路。不一会，就把二姐远远甩在后边。

这一带，尽是窄窄的石板路，一边傍山，一边靠田。虽是正月，已经很暖和了。这里终年草木不凋，就是对季节最敏感的柳树，叶子没落尽，新芽又冒出来。田埂上，山坳里，一簇簇蚕豆秧，一片片豌豆苗，开出紫的、白的、半紫半红的小花。金黄的菜花散着浓香，蜜蜂嗡嗡，彩蝶翻飞。姊妹俩转过一座又一座山嘴，好像这路没有尽头，山也永远爬不完似的。

这一天，她们走了六十里路，天黑在打铁坳一家栈房住下了。过年头天开市，店里没有备饭。其实她们也不想吃，所以只喝了几碗浓茶，吃了两个自己带的熟鸡蛋。

直到躺下的时候，一曼才感到是多么劳累。她的脚起了泡，腿也发胀了。她暗地咬着牙，用手轻轻揉着那两条酸胀的腿。二姐夜里醒来，听见她“妈呀妈呀”地叫唤，便悄悄坐起来问道：“腿疼么？”她发出轻匀的呼吸，装作睡着了。

第二天，她又背起了行李。在上坡、下坡的时候，还去扶着二姐。她咬着嘴唇，汗水不住地由鬓角淌下来。

黄昏后，她们爬上了最后一座大山——斗牛岩。这座山，上四里，下四里。下山时，赵一曼几乎倒下了。可是一看见青色的岷江匍匐在脚下，旧城的黑塔近在跟前，脚下就长了劲。二姐递给她一根棍子叫她拄着，她也不要。

天色渐渐暗淡，村庄点着了稀落的灯火。快到江边的时候，迎面有人提着一盏马灯过来了。赵一曼不知不觉地挨近了二姐，挽着她的膀子。

“是坤泰吗？”黑暗里传来一个熟悉的声音。

“啊，郑兄。”赵一曼高兴地喊。

“你们怎么走得这么晚，累坏了吧？”

“累倒不累，就是走不动了。”二姐说，话里有一种愉快的音调。

“好啦，我来帮你背行李！”

“为什么叫你背呢？将来出远门，你还跟着我？”赵一曼说完就感到失言，便换了语气说，“不，还是我自己背吧，好在已经到了。”

大姐夫也不勉强，提着灯在前面引路。

进城还得渡过岷江。上船以后，大姐夫递过来两个捆得整整齐齐的纸盒。

“带着这两盒点心，”他轻声解释说，“你们住在郑家院子，那里是团县委书记的家，家里有老人，过年上门，空手不好！”

赵一曼又激动起来了。这些事她想也没想过。可是大姐夫什么都替她安排好了。就连这样细微的事也没有疏忽。她从心底感激大姐夫，只是说不出来。

二

短短的几天，赵一曼结识了一个新朋友。她是团县委书记的妹妹，名叫郑秀石。

这是个小巧的姑娘，举止娴雅，一双灵活的眼睛总透着笑意。赵一曼心里惊奇：“天下还有这样的美人儿！”两人一见如故，情投意合，晚上睡一个床铺，就交头接耳，无话不谈了。

过了元宵节，二姐回到乡下，学校也开学了。

这天，赵一曼早早地起身梳洗。郑秀石像前几天一样，给她梳了头，挽了两个小髻。她觉得一曼穿的那件粗布蓝袄，快要罩住膝盖，像一件道袍，就逼着一曼脱下来。从她嫂嫂的箱子里翻出一件杏黄色带花的丝料小皮袄、一件黑绸裙子，硬叫一曼穿上。

“我要把你打扮得漂漂亮亮，叫人人看了都爱你！”郑秀石用她那清脆的银铃般的声音说。接着退后几步，端详了一会儿，似乎还不满意。她歪着头想了想，又跑进卧室，拿出一只白银发卡，要给赵一曼别上。

赵一曼跳开了。

“好妹妹，饶了我吧！”她两手抱着头央告说，“别叫我的脸发烧！”

郑秀石无可奈何地叹了口气。

她俩一起来到学校，最高兴的是她俩不仅都分在四班读书，而且还挨着座位，同住一间寝室。

生活就这样开始了，赵一曼长久的愿望得到了满足。她用心地听课，做习题。郑秀石像个小保姆那样照料她，早晨给她梳头，晚上又督促她洗脚。城里人好挑剔，又爱欺生，她怕这个乡下姑娘受委屈。

星期日，她们就回家做些针线，或是美味的小吃。赵一曼是快乐的，因为郑秀石不把她当客人。她回到郑家院子，就像回到自己家里。

但是，赵一曼也掩饰不住自己失望的心情。学校并不如想像的那样好。它的幽静，刻板，同修道院没有两样。上学、回家，都是坐着小轿，垂下布帘，防止别人窥看。课外跟老师说句话，也被认为不正当。门口那座高大的石头影壁，把她们和人生隔绝了。

“这样生活下去，身上要长青苔！”赵一曼向郑秀石诉苦说，“学校把我们当作画眉鸟，锁在笼子里！虽不受猫狗的伤害，可是翅膀也永远软弱无力。”

“永远关在笼子里也好，”郑秀石应和说，“就怕放出笼子，还不会飞。”

赵一曼附在秀石耳边，神秘地说：

“你敢不敢？下次回家，咱们走大街，不坐轿。看谁敢绑票！要不，咱就翻墙出去，把监学吓一跳！……”

“你疯了！”郑秀石连连摇头，“女学生跳墙，还不知外边嚼什么舌头呢！”

“我不怕！”赵一曼扬起眉毛，像是同谁在辩论，“听说五卅惨案闹大了，男生都罢了课，上街宣传，查禁洋货，为什么女生就上不得街？我们不是人？不爱国？……”

“你想同我打架呀？我可不许你撒野。”郑秀石温存地笑着，就像每次一样，遇到难题，她就把话岔开了。

赵一曼脑子里常常产生一些奇特的念头。她的思路敏捷，但也像清风一样来去无踪，像流云一样变幻莫测。她在想象的世界里任意驰骋，终于还要回到现实社会。就在她盘算恶作剧的那几天，学校成立了共青团支部，赵一曼被选为支部书记。县委指示她们要动员女同学参加社会活动。赵一曼不得不带头唱歌、演戏，组织时事讨论。监学看见她，暗地骂她“疯丫头”。

忽然，教育局下了一道命令，叫女生一律挽髻。共青团支部开会讨论对策，都说女生本来就挽髻，不理它！赵一曼说：“这些臭男人真讨厌，人家梳头他也管。我偏不挽髻，看他来杀我的头！”说着，她就把头绳解开，把头发披散开，像个喜鹊窠。姑娘们嘻嘻笑着，觉得好玩，都把头发打开了，叫嚷着：

“走！叫钟先生看看！”

姑娘们一阵风跑到监学室。

“钟先生，我们梳不来头，挽不来髻，你来帮我们梳，帮我们挽吧！”

“哪里来的天仙？”监学皱着眉，好像牙疼得合不拢嘴，“谁这么捣乱？”

“钟先生，教教我们吧！”赵一曼恳求说。

“我也不会！”监学哼了一声，转身要走。

“唉，同学们！”赵一曼说，“钟先生也不会，我们只好剪了。”

同来的几个女生，都亮出剪刀，把头发剪掉，笑闹着跑开了。

“疯丫头”成了引人注目的人物。三月，学校成立了学生会，赵一曼被选为交际干事，还参加了宜宾学联，担任宣传。她就领同学们上街宣传，去和男校学生联欢。女同学胆小，天黑不敢出屋，怕鬼抓去，又怕当兵的跳过墙来胡闹。赵一曼夜间偏跑到院子里转两圈，“练胆子”。她不听郑秀石的劝告，也不许别人做伴，郑秀石只好悄悄地隐蔽在暗处，暗中保护朋友。准备一发生意外，就出来营救。

赵一曼的朋友也更多了。下了课，她就到各个寝室里去转，找人谈天，把书报送给人看。女孩子总有个小心眼，看到不中意的事，就在背后叽叽喳喳。赵一曼从来不背后议论人。听见说别人闲话，就马上制止。因此大家也愿对她说知心的话。

学校里有个麻德旭，是个活泼的姑娘，家里有钱，专好打扮，一天要换三件衣裳，还跟男学生一起演过戏，因此人们给她起个“浪漫女性”的绰号。同学们都不理她，她一过来，就皱鼻子。这个姑娘完全陷于孤立了。她收拾铺盖，准备退学。

从这件事，赵一曼感到传统习性是多么难以破除。就是那些憎恶封建束缚的人，往往也情不自禁地给别人套上一根绳子。追求自由解放的人们，常常怀着传统的偏见看待人生。人人都憎恨空气污浊，可是又紧紧关上打开的窗子。人为什么要扮演这样矛盾的角色呢？

一天下课以后，她找到了麻德旭。

“你走吧，”麻德旭用手推开了她，“不要叫我玷污了你！”

赵一曼拉着她坐在床沿上。

“你说的什么话，难道你真觉得自己不干净？”

麻德旭哭了。

“你应该坚强些！你知道，我们女子出门读书多不容易！怎么能把争得的权利丢掉呢？我们受气，都怨这个社会不好。我们要好好读些书，有了知识好来改造它！”赵一曼不停气地说，“不过，你自己也得朴素些。华丽的衣饰，并不能使人美丽。内心空虚的人，打扮得再漂亮，也不能给自己添多大分量。珍珠就是涂上污泥，也还是纯洁的……”

麻德旭是个独养女儿，一直受父母的钟爱，为了出门读书，几乎和年老的父母翻了脸。如今卷上铺盖回家，怎么见人呢？她听了一曼的劝告。有几天，她俩几乎形影不离，同桌吃饭，一起温课。赵一曼的数学赶不上，常常不得不在别人睡下以后，点上蜡烛，用裙子遮着光亮，补做习题。麻德旭躲在门外放哨，防备监学的突然袭击。她俩亲密的样子，使郑秀石都有些嫉妒了，抱怨说：

“你把我忘了！”

“我的朋友也是你的朋友，”赵一曼说，“她是失群的孤雁，不更需要你心疼吗？”

五月来了。这正是北伐前夜，“山雨欲来风满楼”。学生们走上街头，高喊：“打倒军阀！”“打倒列强！”赵一曼也领着女同学上街，向人们宣讲帝国主义、封建军阀的罪恶。她们走到哪里，人群跟到哪里，一些市井无赖朝她们扔杏子核、柚子皮。整个社会都对她们充满敌意。赵一曼发觉自己的队伍渐渐稀少了，禁不住也慌了神。她紧紧挽着麻德旭和郑秀石，三个人昂着头，穿过人群。她们明白：不能退缩，不能示弱，不然，那群恶狼就会扑上来，把她们撕成碎片。

不几天，赵一曼病了，身上长了好多血疮。郑秀石把她接到家里，请医生给她治疗，并且给她补习功课。赵一曼勉强支持着来做习题。在班里，她的年岁最大。二十一岁才上初中已经够难为情了，怎么还能松懈呢？郑秀石看她那样吃力，心里不忍，就劝她说：“你需要休息，我帮你做吧！”

“可惜我的头脑是个漏水缸，装进一点墨水，隔夜就漏光了。”赵一曼苦笑着，“如果是个聚宝盆，你倒进点知识，我就可以享用一辈子。”

郑秀石没有办法，只得坐在一边，替她打扇子。

三

端阳节前，阴雨连绵。麻德旭打着伞，到郑家院子来接赵一曼。郑秀石在走廊上用炭火给一曼煎药，见了麻德旭，就把薄薄的嘴唇一撇：

“瞧你那丧魂失魄的样子，就像害了相思病……”

“我怕把你累坏了，来接她回去。”麻德旭小嘴巴子也不饶人，“谁知还没进门，就打翻了醋坛子！”

赵一曼听见朋友俩斗嘴，忙跳下床，赤着脚迎出来：

“下着大雨，你怎么跑来了？”

“学联叫我接你回去，商量打油船。”麻德旭说，“前几天，有条英国油船，在泸州被打跑了，又逃到宜宾。宜宾学联也要发动同学去打，不叫它靠岸。”

“上回打‘老蜀通号’油船，我病倒了，没去成。这回可不能错过机会。”赵一曼说着，拿过雨伞，就往外走。

“药还没熬好呢！”郑秀石急得直嚷。

赵一曼端下药锅，把炭炉放到雨地里，灭了火。三个人打一把雨伞，奔往学校。同学们都到码头上去了。她们又赶出南门，只见好多学生抬着竹筐运石头。沿街都是学生布下的岗哨，把守着路口，不许小贩进入码头。王爷庙码头的堤坝上，石梯上，都集满了学生的队伍。

天下着猛雨，东山的白塔都被遮没了。油船开到岷江和金沙江汇合的地方，渐渐放慢了速度。红色的波浪滚滚而下，油船震动起来。学生们一边抹着脸上的雨水一边高呼口号："打倒帝国主义！""反对经济侵略！"油船靠近趸船，下锚了。

这码头是一道陡坡，只有一条石阶通到江边。学生们居高临下，前边每人脚下都堆着大堆石块。赵一曼找到指挥部，看见学联主席邵斌也在搬石头。赵一曼问："打吗？"

"打！"邵斌吼了一声，青石块顿时像飞蝗一般飞出去。有几个学生冲过去，把缆绳也砍断了。油轮摆动着，离开了趸船。同学们以为它要逃跑，可是，漂到江心，它却停住不动了。

"打又打不着，天又黑了，怎么办？"邵斌也急了。

"它总要起坡，待在那里，看它吃什么！"赵一曼说，"留下一批同学监视油船，别的都回去吃饭吧！"

赵一曼身上已经湿透了。郑秀石要她回家换衣裳，赵一曼说：

"算了！咱们都回学校，跟大家一起行动。"

一连两天，船上都无动静。第三天，天色放晴。学生们整队来到江岸。奸商李伯衡雇了几只驳船，从东门码头绕了过来，想把石油运走。学生们眼看着一桶桶往下卸油，没有一点办法。

邵斌看江边停着两只木船，就从坡上滚下去，抢船。赵一曼挥了一下手，几十个同学也跟着跳上去，解了缆，摇着桨，一齐向江心驶去。

学生们爬上了驳船，把卸下的油桶都推到江心里。赵一曼一连推下去十多桶，弄得满身满脸的油垢。只见油桶在红色的波浪里一沉一浮，转眼间，江面全是油桶。岸上欢呼起来了。

突然，远处响起了刺耳的枪声。一支驻防军端着明晃晃的刺刀向码头冲来。学生们被逼到王爷庙门前，再也没有退的地方了。

“赶快给我解散，不解散老子就不客气了！”带兵的营长吼道。

赵一曼刚回到岸口，几步冲到营长跟前。

“你们开枪吧！如果你们有良心，要仔细想想，你们也是中国人。你们不打帝国主义，不打封建军阀，杀我们手无寸铁的爱国学生，算不得英雄好汉！……”

营长欺侮她是女的，就立眉瞪眼诈唬说：

“把这丫头抓起来！”

麻德旭怕一曼吃亏，不顾一切，跳过去揪住营长的衣服，学生们一拥上前，乱纷纷叫道：

“打龟儿子！”

“打走狗！”

士兵朝天开了一排枪，营长才挣脱。他们一个个落荒而逃。

“你好厉害呀！”赵一曼对麻德旭说。

“我怕他捉你，就先抓住他。也不知哪来的胆子。真吓死我了！”麻德旭有些难为情地说。

晚上，忽然传来坏消息：派去谈判的三个代表被城防司令部扣留了，在河边守望的同学被军队打散了，过河去监视油轮的十多个学生也被军队逮捕了。大奸商李伯衡给城防司令辜勉之送去两千大洋，要他“武力镇压”。党团指挥部连夜召开紧急会议，决定一边向全国呼吁，请求支援，一边发动群众，营救被捕的老师和同学。

整个城市都沸腾了。赵一曼带着女生宣传队，从这条街转到那条街，巧妙地躲避着巡逻队，撒传单，贴标语，还特地绕到城防司令部门口喊口号，发表演说。她从报上看到，省里的学生包围了督军府，报纸发表的评论也支持爱国学生。心想：一个小小城防司令部能值几何！

地方官商表面上是屈服了，同意将煤油贱价拍卖，以后不再贩运，并且释放了被捕的代表和学生。但是，暗地里，却要教育局提前放假，防备学生再闹事。六月一日，各学校都停了伙食。

赵一曼到郑家院子道别，郑秀石挽留不住，两人抱头哭了一场。

四

赵一曼回到了家乡。景物依然是往日的模样：松林低声呼啸，绿竹迎风摇曳，水井里蒙着绒团似的青苔，石阶缝隙里长出一簇簇野草闲花。只是妈妈变得几乎不认识了，衰老的脸上满是皱纹，两只手已经干枯了，僵硬了，眼睛深深地陷了进去，远看像是两个黑洞，头发蓬乱而干涩。妈妈就要走完生命的历程。

她一个人躺在那里呻吟，无人过问。当她看见幺女儿的时候，眼里闪过一星火花，可是瞬息间又熄灭了。赵一曼扑到妈妈身上，泪水把妈妈的手背洒湿了。直到现在，她才明白妈妈在自己心里占了多么重要的位置！

她看了看这间龌龊的没人收拾的屋子，慢慢地站起来，打开窗子，往外轰苍蝇，又洒水扫地，把桌上的尘土揩净，把一些破坛烂罐（它们几乎陪妈妈过了一辈子），搬到外面去。还打来水，给妈妈洗脸。晚上，她就睡在妈妈的身边。妈妈嗫嚅着，也许是想说话，可是发不出声音。

吃过晚饭以后，李席儒来了。他已经听到城里的风潮。

“怎么，被人家赶回来啦？”

“你没有资格拿这种腔调同我说话！我是回来看妈妈的，不是来看你的！”赵一曼两眼瞪着李席儒，一字一句地说：“你们把妈妈折磨成这个样子，还有脸见人！”

“你还想教训我？”李席儒暴跳如雷，“你喝了迷魂汤，忘记姓啥了！”

“谁有工夫教训你！你在我眼里，不过等于零！”

赵一曼呸了一声，返身把门闩上了。

过了三天，妈妈死了。和家庭联系的最后一根线也断了。赵一曼哭肿了眼睛，躲在房里不出门。李席儒责备她没有孝心，不出来守灵，也不照应客人。赵一曼怀着悲愤的心情写了一篇祭文。“封建制度不推翻，男女平等是空谈！”她在灵前反复念着这两句，好像是向整个社会宣战！

刚从墓地回来，李席儒就要正式分家。赵一曼也分得一份嫁妆。不过这份嫁妆得由李席儒经管。

“你什么时候出阁，我什么时候给你，”李席儒说，“如果你不放心，我出借据，付你利息。不会叫你吃亏的。”

“算了！”赵一曼不愿再听下去，“你是大孝子，想咋办就咋办。人无长生，财有尽时。我不愿意靠别人的血汗钱来过舒服日子！”说到这里，她的声调更缓和了：“大哥，你把心思都用在捞钱上了，我有些可怜你！”

“除了傻瓜，谁不想发财？女子总是要出阁的，我不能叫这个家败在我手里！”李席儒理直气壮地说。他不但没有被刺痛，反而后悔刚才不该应许出利息。就像人们说的，他身上每个毛孔都淌着钱，但是扎上三锥子，却不见血。

……好久好久，赵一曼都摆脱不掉对妈妈的思念，心绪无法平静。没有人来安慰她。本来可以谈谈心的幺弟，近来堕落了，他在家里，跟大哥一样，学会了赌博，抽洋烟。她好心劝告他，却吵了起来。为了排解忧思，二姐接她去住，但是，当她们企图互相安慰的时候，她们发现忧伤不是减轻，而是加了一倍。

幸好工作解救了她们，使她们排解了孤寂的情绪。

从一曼离开以后，妇女解放同盟会的会员已经增加到一百八十人。二姐既是会长，她的家也就成了排难解纷的场所。谁有了不平事，就来找她。

一天，白花场来人说，画匠的女儿陈启明被后娘吊在橘子园里，要她们赶快去说情。姐妹俩马上赶到白花场。她们赶到的时候，陈启明已经被祖父解下来了。

“别人解下来，她不高兴，再吊上去怎么办？既然我们来了，就不能不管。”赵一曼说。

当下商量好邀集几个妇女，由两个会长带头，去和后娘评理。

谁知陈启明的后娘是个泼辣女人，她不等人开口，就嚷起来：“你们来做啥子？你们听哪个说我虐待女儿？我是那种人吗？她就在那里，也会说话，你们问问，我动过一根指头没有？”

那个矮矮的姑娘吓得直发抖，脸上没一点血色。

“就是我打了她又怎么样？我做娘的，管管孩子也犯你们的法吗？”她气咻咻地把房门关上了。

来评理的人僵住了。只得安慰陈启明几句，各走各的。她们一走，那位后娘就依照“画地为牢”的办法，在地上画了个圈，罚女儿跪在那里。

赵一曼听说碰了钉子，思索起来：如果让那个后娘占上风，那么陈启明就只有死路一条。她一直想不出办法，后来，找到陈家长工的母亲，偷偷给陈启明送了个信，叫她晚上到橘子园去。

六月的夜，月光如水。赵一曼躲在黑影里等待着，不一会，她看见陈启明攀着崖上那株黄桷树的根溜下来了。赵一曼一把抓住了她。

“我要跟你谈谈，”赵一曼说，“你觉得你这样能活得下去吗？”

“我这过的啥日子啊，”陈启明说着就啜泣起来了，“你看看，我浑身全是伤痕，我连哭都不敢大声哭……”

赵一曼叹了口气。

“你也太懦弱了，你为啥不反抗呢？”

“我又咋反抗呢？连我爹还受气呢。他本来很疼我，可是，继母动手打我，他也帮着拿棍子。叫我一个人怎么办呢？一点不如意，就把我关起，不给饭吃……”

“你不会跑吗？你跑吧，我帮助你，我们一起进城读书！”赵一曼说。

“只要你肯帮助我，就是去烧锅我也愿意！我什么苦都能吃！”

就这样，她们分手了。直到回来的路上，赵一曼才想到自己出的是一个多么轻率的主意！她现在不是“自顾不暇”吗？自己连走路还要人护送，哪有力量把人拖走呢？可是，看到别人痛苦，她就想不到自己了。

幸好二姐也答应帮忙，这使赵一曼安下心来。

一个风雨交加的夜晚，陈启明偷偷从橘子园里逃了出来，一个妇女解放同盟会的会员把她领到二姐的家里。

当夜，她们带了些干粮，往城里赶路。她们要躲过每个人家——如果被捉回去，就活不成了。

进了城，她们住在这个会员的亲戚家。赵一曼奔走了好几天，一直找不到地方安置这个“逃亡者”。有人还埋怨她多管闲事。她苦笑了一下，心想：看到人有痛苦，一个共青团员就该袖手旁观吗？但是现在不是辩论的时候，首先得找个住的地方。只得找郑秀石。

“你真会磨人！”郑秀石皱了皱眉，“我们家都成小店啦！”

“好妹妹！救救我吧！”赵一曼央告说，“你不疼我谁疼我呢！”

“我不听你的花言巧语。”郑秀石说，“你就会哄人！”

“那么，说定了！”赵一曼笑着说，“我替你去接她！”

晚上，赵一曼雇来一乘小轿，把那个姑娘抬到郑家院子。一切都安顿下来后，赵一曼才舒了一口气：“总算顺利！”

郑家院子几乎成了“难民收容所”。逃婚的，受家庭虐待的，都通过团组织送到这里来。有的住两三天，有的住十来天。

这些“难民”们终日躲在一间小屋里。小屋很特别，原是防匪用的，离地面很高，墙上开了个小门，外面挂一幅画挡住，不知底细的人，轻易不会发现。有一次，一个姑娘的家长追来了，搜遍了全屋，也没有找到。而那个姑娘正藏在画的后面，连气也不敢出。

陈启明一直惶惑不安。过去的两天，就像在做噩梦，到现在心里的恐惧还没有消失。她简直不敢相信这是现实——她又期待又恐惧的现实。可是当她看到赵一曼温存的笑容的时候，她的眼泪不禁涌出来了。

“我真的逃出来了吗？”

“真的逃出来了！你那可恶的后娘再也找不到你了。你先住在这里，过几天，我们帮你补习功课，好考学校。”

临去学校，赵一曼把一件短衫、一条黑团花裙子给了陈启明。她逃出来的时候，什么也没有带。

可是也真不凑巧，新学年开始，教育局撤换了旧校长。而新校长却是个出名的流氓。因此开学那天，学生就罢了课。学校挂出斥退牌，开除了领头的十三名学生，那上面，也有赵一曼的名字。

她们找教育局局长请愿，局长躲开不见。赵一曼回到寝室里，把铺盖、蚊帐卷了起来，用竹竿挑着，离开了学校。跟着，大半的学生都退了学。

现在，她该到哪里去呢？

郑秀石到重庆考学校去了，不在家。不过，她想了想，还是回到郑家院子。

赵一曼心里很不安。她担心的不只是自己的学业，还有那个逃亡姑娘，事到如今，怎么安置她呢？陈启明住在这里，听见脚步声，心就怦怦跳，以为有人来捉她，弄得昼夜不安。并且白白吃饭也不好意思。她跟赵一曼说，要到外边做工。

赵一曼跟城里一个同学跑了两天，才找到一处，给人烧锅。陈启明当天去上工，第二天就逃了回来。原来那一家正是白花场的大地主，头天下乡“看青”去了。

祸不单行，陈启明病倒了。赵一曼忙着请医生、煎药，夜里守在床边。正当一筹莫展的时候，郑佑之进城来了。那时北伐军已经打下湖南，逼近武汉，党要他举办一个农民运动讲习所，培养干部，开展农民运动。一得到这个消息，赵一曼高兴得跳起来，马上就去找他了。

“怎么游手好闲起来啦？”郑佑之说，“好像你哭过，有什么伤心事呀？”

“我为什么哭，我才不哭呢！”赵一曼脸都争红了，可是，过了一会她终于承认说，“是掉过眼泪，不过是着急，不是伤心！”

接着她把最近经历的事，一五一十全告诉了大姐夫。谈到帮人逃走，她想大姐夫也一定要责备她自不量力的，谁知大姐夫不仅没有责备，反倒赞美起来了。

“见义勇为，做得对！是个共青团员的样子！如果这也是闲事，那我们活着也是多余的了！”大姐夫最后说，“莫发愁，慢慢想办法。”

仅仅这几句话，就是对她最大的帮助，因此，她没有向大姐夫提任何要求。

不几天，党组织和进步人士共同开办了一所中山中学，来安置因为参加爱国运动被开除和自动退学的学生。赵一曼又踏进了课堂。并且，靠着党组织的帮助，陈启明也进了学校半工半读。

这个逃亡姑娘管打铃，扫院子，倒尿桶，空闲的时候，去教室旁听。晚上，赵一曼就为她补习功课。她没有铺盖，赵一曼就同她睡一个床铺。她怕弄脏了铺盖，常常偷偷溜到教室去睡。这使赵一曼生气了。

“你为什么这样？怕我嫌你脏吗？你才错了，你要晓得我们是同志啊！”

陈启明无奈，只得听从。

紧张的学习生活，使赵一曼感到愉快。学校里不仅没有那些封建陈规，还能学到社会科学知识。革命书刊公开地在学生中传阅，学生们讨论社会问题，老师还出席辅导。赵一曼觉得这一切都很好。

几乎每个晚上，共青团员们都要开会。她们聚集在郑家院子的小屋里，背靠着墙，站在那里，争论、辩解，从人生问题，

革命局势，到日月星辰，无所不谈。往往是吵得不可开交的时候，突然有人吹起了口琴，大家哄笑着，唱起了歌。

回到寝室，她洗了脸，又帮助陈启明补习功课。

十月，大姐夫告诉她，党组织决定送她到武汉中央军事政治学校学习。赵一曼不知如何是好了。想了一会儿说：

“我知道，我很幼稚，需要锻炼。党培养我，是叫我更好地工作。”

可是，陈启明却慌了，她伏在床上，不住声地哭。嘴里说着：“你走了我咋办啊！你走了我咋办啊！”

“有这么多同志在你身边，你还怕什么？”赵一曼说，“他们会帮助你的。要知道，不是党，我也早毁了。你应该依靠党，党什么时候也不会抛弃你。”

赵一曼转念一想，决定给陈启明的父亲写封信。做事不能有始无终。没有人知道这封信的内容，大家知道的是：不几天，陈启明的父亲进城来了。赵一曼在郑家院子和他谈了一晚上。最后她说：

“你女儿这样刻苦耐劳，勤恳好学，做家长的为什么不成全她呢？她没有做见不得人的事，却被你们逼得改名换姓，东藏西躲。你不答应供她读书，我不能带你去看她。”

“我答应，都答应……只要叫我看看她……”

“陈启明，”赵一曼向画上的美人招呼说，“你听见了吗？你父亲都答应了！出来吧！”

突然，墙上那幅美人画动了一下，陈启明钻出来了。父女俩当场就抱头痛哭。

赵一曼松了口气，因为她总算有始有终，没有半途而废。

启程的日子近了。头一天，同学们备了些茶水、花生，为她送行。二姐得到她要走的信，也从家乡赶了来，给她带来一件新蓝布长衫。大家依依不舍地直坐到深夜。只有陈启明没在场。这两天，她正偷偷赶着给赵一曼做鞋。

第二天，二姐送她上船，还塞给她四块银元，那是大姐夫送的，他正在开会，不能来送她。她看到二姐的眼睛又红又肿，心里一阵难过。这真是个好姐姐！她是真心爱着妹妹的，虽然从来没说过一句甜蜜的话，可是能感到她的心是时时贴近你的。赵一曼紧紧地抱着二姐："二姐，我走了，你莫难过，我们还会再见的。"

正在这时，陈启明也赶来了。她把一个小包塞到赵一曼手里。

"这是两双鞋子，我自己做的。"她的眼圈也红了，"我心里乱得很，不知道该怎么说。你给我们打开一条路，我永远不会忘记你。"

开船的时间近了。赵一曼又紧紧抱了抱姐姐，松开手走上了船板。她不敢回头再看二姐一眼，怕自己会哭出声。

第三章　献　身

一

一九二六年十一月二十五日。

武昌两湖书院来了二百多个年轻的姑娘。看上去，有穿花旗袍的，有着短棉袄的，有梳大辫子的，有留短发的，都不过二十来岁。她们三五成群，叽叽喳喳，抢着说话，谁也不听谁的，真是三个姑娘一台戏，这座古老的沉寂的庭院，一时显得年轻了。

忽然号声响了。这意外的有些刺耳的音响，顿时引起了更大的混乱。姑娘们你推我挤，只听“哎哟”“啊呀”直叫，也不知是惊慌还是赞美。

一个威武的军官，打着黄呢子绑腿，背着驳壳枪，走过来，举起拳头喊声“集合”，姑娘们又拥挤起来，好一会儿才依着高矮排成了三行。

“同志们！”队长扯扯武装带，开始讲话了，“从现在起，你们都是革命战士啦！就是说，要洗掉脂粉，剪掉辫子，脱下长袍。从现在起，你们要学会打绑腿，学会军礼，遵守军队纪律……”

一阵交头接耳的喳喳声，把队长的话淹没了。接着，队长喊名字发军装。赵一曼领到一身灰色的棉军装，一双棉鞋，一双黑布袜子。于是她马上穿了起来，跑去跟别的姑娘们比，看谁最合身。

冬季的白天是短促的。熄灯号一响，姑娘们就溜进了屋子。赵一曼睡在一块硬板床上，铺的白被单，枕的白枕头。那是三间打通的大屋子，挨墙摆了两溜木板，一屋里住三十多人。她闭上眼，睡意被一些生动的印象挤走了。短短的一天，她已经了解到好多有趣的事：这房檐是北伐军攻城时一颗炮弹打塌的，前两天才修好；院里的土墙是新砌的，那边住的是男生。还有队长教打绑带，编队……她似乎觉得自己是个老兵了。

月光透进窗棂，显得特别明净。赵一曼翻过身去，还是睡不着，她盼望天快快亮，然而冬夜是那样漫长，好像太阳在地下睡着了。

远处，传来清晰的打更的梆子声。

“淑宁*，你睡着了吗？”睡在旁边的一个姑娘伸过手来推了推她。

“没有。”赵一曼翻身坐了起来，“你在想什么哪？”

“这床铺太硬了，怪凉的。”

“睡惯就好了。”

“就是睡不惯哪！”

说话的姑娘叫段福耕，是个小胖子。她和赵一曼是同学，今年暑假在师范班毕业，她们一起离开宜宾的。

“那你就这样想：这比野地舒服多啦！你听说过吗，将来还露营呢！”

值星官提着马灯查夜来了。赵一曼连忙又钻进被窝里，用手遮着眼睛。可是，她刚蒙眬入睡的时候，就被一阵吵嚷惊醒了。慌忙跳下床一看，满天星星还眨着眼，姑娘们都在打绑带。

赵一曼以为自己起晚了，忙拖过一团绑带，一圈圈往腿上缠。昨天练习的时候，她打得又快又好，现在一急，反而笨拙了，不是多一截，就是少一截。她又解开重打，一失手，绑带滚到地下，散开了。姑娘们哄笑起来。她这才知道，当兵连穿衣服都要从头学起。

忽然，队长出现在门口。只听他厉声喊道：

“赶快躺下！还没吹起床号，谁叫你们起来的？不守纪律！

---

* 赵一曼学名李淑宁。

你们当是在家里吗?”

赵一曼吓了一跳，连衣带鞋钻进被窝里了。

虽然不习惯，她还是喜欢这种严格的军队生活。睡觉时，鞋子、服装、军帽、绑带、皮带都要放在一定的地方。早晨起来，还要整理内务，把被子叠得四四方方，边角勒出棱线，被单用手抹平，不许有一线皱纹。她想，做个革命战士，大概就得这样生活!

在最寒冷的日子，她们受完基本动作训练，学会了变换队形，班进攻、排进攻，还学会了射击：卧射、跪射、立射。至于学科的课程，也是赵一曼过去没有读过的：世界革命史、经济学、共产党宣言……她们坐在四面透风的课堂里，用心地听讲，戴着手套，笨拙地记着笔记。

四月，姑娘们分成两队出发到野外演习去了。

田野上，禾苗青青，河网交错。成群的野鸭，在河滩里悠闲地遨游着，对过往行人睬也不睬。

赵一曼担任尖兵。她和另外几个姑娘，由队长领着，提着枪，沿着河滩的柳林向前搜索。队长一会儿喊“卧倒”，一会儿又喊“前进”。大家都很紧张，就像真有敌人的埋伏似的。

在一块坟地里，有几只小羊在安闲地吃草。赵一曼向前跑了两步，吆喝着吓唬它们。从前在家里，她也喂过一只小羊，那是一只黑色的小山羊，有一双黄色的亮晶晶的眼睛。那是她用压岁钱买来的。

“你做什么？”队长怒冲冲地在她耳边叫喊起来，“这是打野外，是在战场上，不是在家里！”

赵一曼突然意识到自己无心之间违反了纪律，但是她不喜欢队长教训娃娃的口气，觉得他是小题大做，把事情说得过于严重，来显示自己的权威。她刚要辩解，队长又叫起来：

“你破坏战场纪律，应该处罚你！”

回到学校，在区队面前，她受到更严厉的申斥，并且罚站十分钟。

赵一曼回到营房，就躺在床上，不洗脸也不吃饭，好像做了一件最丢人的事。小胖子跑来安慰她：

“这算什么，又不是真的打仗！”

“演习都搞不好，还能真去打仗吗？”赵一曼说，“我没有打仗的观念，就永远成不了好战士！”

她心里宽恕了队长。因为她真正意识到自己的幼稚。同时她又想起不久前发生的一件事：她转为党员不久，党支部分配她发展小胡入党，她一见面却要小胡离婚，不然就不能入党。

“你丈夫家很有钱，拖着这条尾巴，你怎么革命？”

小胡正为丈夫失踪而忧心，听到这苛刻的要求，什么也没说，一路哭着跑开了。赵一曼一时六神无主。她本来想，既然要革命，个人的生命都可以牺牲。家庭、财产、爱人，会成为前进路上的负担，为什么不能抛弃呢？为这件事，她当时就受到党支部的批评。她感到自己太鲁莽。

赵一曼像火一样热烈，却缺少似水的柔情。她憎恨虚伪，就像眼里容不得一粒沙子。有人因此说她轻率。这是真实的。因为她的优点和缺点往往连在一起。赵一曼从不为自己做的错事而悔恨，但总带些嘲讽看自己。“我真幼稚！我真愚蠢！”每逢意识到这一点，她是快乐的。

赵一曼本来就有轻微的肺病。现在由于过度劳累，又吐血了。学校把她送进了医院。

她在病床上昏昏沉沉躺了十多天，既不觉热，也不觉冷。将近一个月，才好转起来。一天黄昏，小胖子提着一大把鲜荔枝看她来了。

赵一曼说不出地高兴，不住地打听同学们的学习情况，学校有了什么变化。小胖子有些心神不宁，支支吾吾。赵一曼疑惑地问：“学校里出了什么事？”

“也没什么，”小胖子说着，叹了口气，“同学们要出发打仗去了！”

赵一曼猛地坐了起来。

“打什么仗？去什么地方？”

“打仗就是打仗！”小胖子不耐烦地说，“我真羡慕你，能安安静静地躺在这里，用不着去冒风险……”

原来就在赵一曼住院的时候，蒋介石发动了反革命政变，和武汉的革命政府决裂了。不久前，驻守宜昌的夏斗寅部队和由四川出来的杨森部队汇合起来，也通电反共了。现在夏斗寅乘着革命军攻打河南，武汉城防空虚的机会，发动了进攻，已经打到纸坊了。军校学生编成独立师，由叶挺带领，明天就要上前线作战。

“那么，我得回去！”赵一曼跳下来就要走。

“你疯了！”小胖子急了，“这是打仗啊！”

赵一曼摆摆手，不让她说下去。现在正是保卫革命的关头，共产党员不到前边去，还叫谁去呢？她换了衣服，拉着小胖子离开了医院。

病房里只留下那把新鲜的荔枝。

二

赵一曼有过各种各样的幻想。在幼年时候，她想带着小羊坐冒烟的船去航海；长大了，她又想做个乡村教师，或是文学家；也想做个江湖女侠去铲除强暴。当她穿上军装的时候，她又想着骑上战马，在疆场奔驰了。

这些看来都不算过分的幻想，竟没有一件实现过。不过，这并不叫她伤心。因为她得到的总比失去的要多得多。现在面临着战斗，她产生了一个最简单也最现实的念头：拿起枪趴在战壕里，向敌人射击。可是幻想总善于捉弄人：她们还没有看到战争，战争就远去了。

五月十八日拂晓，姑娘们坐着货车出发，路上走走停停，等候前方的消息，傍晚开到土地堂，战斗已经结束。山坡上，留下好多没有来得及掩埋的尸体。姑娘们看也不敢看，捂着鼻子跑开了。

星光下，她们铺开毯子，睡在路基两边。到后半夜，下来紧急命令，追赶前线部队。前边的反革命军队吃了几次败仗，垮下去了。

黎明的时候，她们看见一个个寂寞的村庄。东边燃烧着红霞，四野是稀有的宁静，听不见枪声，一只不知名的鸟，振翅飞起，冲入青色的天空。这一切景象，都不容你联想到战争。可是紧张的心情却始终无法松弛下来。

接连十多天，姑娘们都是尾随着部队，一路行军一路宣传。脚上的草鞋磨穿了，脚板起了一个连一个的血泡。赵一曼晒得又黑又瘦，变得沉默了。她觉得自己好像长高了一头。

可是，在这胜利的进军中，革命形势却在发生急骤的变化。五月二十一日，湖南许克祥的叛变，在姑娘们中间罩上了一层阴云，大家都有一种不幸的预感。果然，在她们回到武昌的时候，所有苏联顾问都不见了，许多党的负责人隐蔽起来。汪精卫、蒋介石已经合流，局势变得比人们想象中的严重得多了。

学校里完全混乱了。不久前，校园里还充满亲切的谈笑，朋友间的谐谑，青春与幸福的梦想。可是现在这一切全被惊慌和不安淹没了。人们匆匆忙忙地走来走去，不知该做些什么。共产党员们不断地开会，反革命也出面拉拢学生。党组织日夜忙着安排党员疏散，同时又指示没有得到通知的党员，不许离队，不许外出。赵一曼难过地想，难道我们党真被打败了吗？革命真的不能挽回吗？她的心不禁紧缩起来了。

早晨，段福耕拿着一张刚出版的《中央日报》，闯进了宿舍。她一把抓住赵一曼，急切地说，“你看你看，我们独立师政治部主任发表宣言脱党了！”

赵一曼猛地跳了起来，抢过报纸。事情来得太突然，她心里很紊乱，手直哆嗦，好久不能相信这是真事。但当断断续续读完那篇声明的时候，她反而镇静了。

“可耻！”她摔掉了报纸，踩在脚下。

段福耕趴在枕头上哭了起来。

“怎么办，怎么办？”她抽咽着，惶惑地说。

“现在需要战斗，不需要眼泪！”赵一曼坚定地说，“苍蝇叮几口，不能阻挡骏马的奔驰！”

“完了完了！”段福耕好像没听见，只顾自言自语地说，“早知有今天，还不如不出来！”

赵一曼不耐烦地打断了她的话。

“你说些什么啊！怎么完了？我们还没开始呢！”

外边，人们喧闹起来。赵一曼顾不得争辩，立刻跑到支部去探问情况。可是在她回来的时候，段福耕已经换上了旗袍。

“你这是怎么啦？”赵一曼惊异地问。

“我看透了！”段福耕一边说一边抹眼泪，“生活就是这么回事。我要回家去！”

"你是个糊涂虫!"赵一曼暴躁起来,"你还说看透了!你就记得你自己,风吹草动都害怕,脑子里尽装些乱七八糟的东西!"

"我太脆弱,我的神经受不了!"段福耕说着又放声大哭,"淑宁,我的好妹妹,我们一起回去吧!我们一块出来的,你不回去,叫我怎么向二姐交代呢?"

"你还是先想想怎么向革命交代吧!"

她们就这样分手了。赵一曼很替朋友惋惜。她有过多的聪明,却缺少对生活的信念。人还年轻,心却衰老了。就如一段朽木,你怎能叫它燃烧起来呢?

就在这一夜,赵一曼跟随学兵团悄悄离开了这座恐怖的城市,开往南昌。可是,半路上,她忽然病倒了。因此不得不脱下军衣。

八月一日,党领导革命士兵在南昌城里举行武装起义,用枪声回答了反革命。而赵一曼却不得不买上一副假发,化装成逃难的农妇,乘轮船来到白色恐怖的中心——上海。到处都在流血。反革命的口号是"宁可错杀三千,不可放过一个"。成批的革命者被腰斩弃市,枭首示众,或者装进麻袋,活生生地投进大海……报纸上,天天有胆怯的家伙声明退党,向敌人悔罪,而随后就引着密探来搜捕自己过去的同志。

在这些日子,赵一曼才真正懂得什么叫作阶级斗争。残酷的现实教会她许多生活的真理。她有过迷惑,也更贴近了党,她感到自己和党一起呼吸，从党那里取得力量。党是不会毁灭的，因为战斗没有停止。

正因为这样，她对段福耕的感情也由怜惜变为鄙视。她怎么知道呢，段福耕回家以后，会做一个商人第三房姨太太，而且抽上了大烟。可是，一个对未来没有信念的人，过什么样的生活都是无关紧要的。只要自己能存在，也就满足了。

现在，党的活动完全转入地下了。赵一曼在四川同乡家里，充当女佣人，等待着投进新的斗争。

在更深夜静的时候，赵一曼伏在桌上，给二姐写信。但她无法留下地址，也许在二姐读着这张被揉皱的信的时候，她已经被投进牢狱。也许故乡正处在白色恐怖中，这封信永远寄不到。赵一曼的估计没有错：她们家连着被抄三次，反革命军队四处追捕大姐夫，二姐也被迫弃家逃亡。在更深夜静的时候，二姐也曾遥望天外，喃喃自语："幺妹在哪里呢？"

三

生活中有许多偶然性。一个偶然的机遇，就改变了人的一生。在解释这种现象的时候，人们把它归结为命运，似乎冥冥之中有神灵主宰着。其实扮演什么角色，完全是由自己挑选的。

1927 年 9 月，党组织决定派赵一曼去苏联学习。她在去苏联的船上，结识了一个湖南青年。而且，不到半年，突然宣布结婚了。亲近的同志都来劝阻，因为人生只能有一次爱情，何况现在也不是安排个人生活的时候。赵一曼淡然一笑。正因为她不愿让私生活耗去更多的精力，她才仓促地做出这个选择。可是，事与愿违，打击接着打击。怀孕、病倒、停学。幸好丈夫是体贴的，随和的。这也使她懊恼：生活中没有一点点争执，未免太乏味了。她争强好胜，却渴望有强者来征服她！

赵一曼要摆脱无所作为的窘境。她事前没有同丈夫商量，就决定回国。她是这种人，主意来得快，甚至显得很轻率，可是一决定就不反悔，不回头。在她看来，犹豫比轻率更坏。

没有人能够阻止她。1928 年冬天，赵一曼离开了莫斯科。

路上，她吃尽了苦头，在火车开向海参崴的时候，遇上了暴风雪，道路封闭了。一起回国的有好几个同志，为了赶船，他们不得不徒步行走。

严寒令人窒息。赵一曼又是昏晕又是呕吐，脚上生了冻疮，同志们架着她，拖着她，走了十多里。以后又是晕船，颠簸，到了上海，她已经奄奄一息了。

党组织派她去湖北宜昌建立联络站。这个小城，是通往四川的要道，上下行都要在这里换船。党需要在这里安一个据点，转运文件，安置干部。

赵一曼只身一人，来到这个陌生的地方。通过一个船员在江边赁了一间板棚。这里是码头工人汇集的区域，街道狭窄而又肮脏，天一下雨，秽水就灌满了这间阴暗的小屋。

她开始像一个普通妇女那样操持家务：做饭，洗衣，到江

边提水；她也学当地人家，把小萝卜穿成串，挂在檐前晒干，留到阴雨天当菜。命运似乎有意同她开玩笑，她越是想逃避琐屑繁杂的生活，它却死死缠住她。

邻居是扛码头的，有一大窝孩子。白天，赵一曼也搬个小木凳，去跟邻妇一起做些针线，给还未出生的孩子缝小褂、小裤。如果邻妇腾不开手，她也帮着照料杂务，扫地、倒垃圾（她一直保持着爱清洁的习惯）。因此她很快就同这一家大小建立了友谊。

赵一曼从码头工人那里，听到许多奇闻。过去她只是从书本上，清谈中，生活的浪花里，看到社会朦胧的幻影，现在她才第一次从生死战斗中来认识社会。记得第一次坐船，看见乘客躺在铺上抽大烟，她就大惊小怪。不知道那些茶房除了供烟灯，还管贩卖人口！初过三峡的时候，她最欣赏巫山十二峰的千姿百态，苍鹰在峰顶盘旋，半山里斜飞过一道清泉；现在她更知道，三峡两岸几百里荒山上的居民，不是靠稼穑为生，而是靠打捞沉船过活的。那个年代，常有船触礁沉没。她更听说，川江两岸的丛山中，是绿林世界。轮船开近了，岸上一声枪响，几只小划子冲了过来，抢劫旅客的财物。船长要把那些豪杰送到安全地点，才敢开船。所以有钱人从来也不敢乘普通的客船，来往要花一百多银元坐炮艇，一路走一路用枪炮开路。

就是这个小小的码头，也不太平。轮船在江心停泊了，旅客上了木船摆渡，可是，小船忽然翻了，不知哪里来的船夫，争着抢捞坠水的箱笼财物，而且捞起来的东西永远也不会归回原主。

“出门真不容易啊!”每逢谈到这些，邻居总这样感慨地说。

赵一曼从生活里获得新的信念。这个社会一定要毁灭，它本身包藏着那么多祸患，那么多危机，它的基础时时被腐蚀着，终有一天，遇到强力的震动，它会像一座风化的石崖坍塌下来。

因此，为着改造这个社会，忍受困苦、孤独、危险，也就是必要的了。这里工作虽然不多，却很繁琐，她常是夜间分发文件，有时也需要去买船票，给过路的同志接转关系。她盼望有一天能见到故乡来的熟人，探听一下亲人的消息。可是她从来也不敢抱奢望，会见到好友郑秀石。

当郑秀石提着小藤箱，来找她接头的时候，两人都被这场奇遇惊呆了。赵一曼紧紧抱着郑秀石娇小的身体，使她几乎喘不过气，好像一松手，她就会化成一阵轻烟飞散了。

“上帝!”赵一曼叫着，“见到你，我太幸福了!”

“我老做梦，你叫人家装进麻袋，沉到江里了！我从梦里哭醒好几回！你还活着呀!”郑秀石泪流满面，从一曼怀里挣开，细细看了看，又扑进一曼怀里。

“不但活着，还在开小店!”赵一曼半似解嘲半似夸耀地说，“你就同我住下吧!”

“四川省委被敌人破坏了，我要到上海去找党，”郑秀石竭力抑制着激动，“省委书记郑佑之大哥被捕了！……”

赵一曼最担心的事，到底发生了。

在这黑暗恐怖的日子，难道还有不令人心碎的消息吗！她隐忍着痛苦，又问：

“你见过二姐吗？”

“地方搞暴动，叫她运军火。敌人追上来，她抱着枪跳了崖。不知逃到哪里了！”

整个晚间，两人都默默无言，在沉思中咀嚼着悲哀，凝聚着力量。

郑秀石知道她将要临产，需要有人照料，想多住几天。但第二天，赵一曼就催促她上船。郑秀石一走，房东老太婆却恐慌起来。当地习俗是不许外人在自己房里生产的。而且这么年轻就怀了孩子，又没有男人守着，照理说也不是正派女人。房东老太婆原以为家里来人接她回家，谁知住了一夜又走了。越想越疑心，就来催搬家。

“老太太，你行行好！”赵一曼恳求说，“你叫我一个人到什么地方去呢？”

老太婆装作耳聋，嘴里老是这一句话：

“你得走，你不能进屋去！”并且用手推她、拖她。赵一曼不动，老太婆就坐在地上哭嚎起来了。

“你这老太婆，真不通人情！”赵一曼火了，“我走就是。我，我就是生在野地里，也不进你的屋子！”

赵一曼是个执拗性子，说得到做得出。她本来也觉得跟这个老太婆赌气未免可笑，可是，话一出口，已收不回来了。

她在街上转了一会儿，又回到住处，老太婆已经把房门锁上了。她只好坐在门口一块石头上。她不了解愚昧会使人变得残忍。老太婆终于没有动一动恻隐之心。

残冬将尽，寒气未消。江上升起浓密的雾，遮没了一天星斗。赵一曼手托着腮，眼里含着泪水。她第一次陷入绝望之中。

更夫敲着铜锣走过去了。

赵一曼感到又困又冷，抱着膝盖睡着了。

天亮的时候，老太婆看见她的模样，几乎吓呆了。她头发蓬乱，眼皮浮肿，苍白的脸透出一块块铁青，老太婆大概也意识到自己做得太过分，匆匆地开了锁。过后还给她送来一碗滚烫的米汤。

这一来，赵一曼倒更体谅她了。她同情这个老太婆。人生活在这个社会，却感觉不到自己的力量，总是提心吊胆，怕灾难临头。对这样可怜的人，为什么还要给她添一层忧虑呢。

幸好隔壁的码头工人解救了她。他在自己屋里，隔出半间板棚，并且让他的妻子替她接生。

在一个深夜，婴儿降生了，赵一曼做了母亲。

不久，发生了一件不愉快的事。码头工人赌博输了钱，跟人打架，被县警抓走了。赵一曼卖掉结婚戒指，把他赎了出来。县警开始注意起这个神秘的年轻妈妈。在一次盘查之后，母子俩忽然失踪了。谁也不知道她和孩子的下落。

四

一个衣衫破旧的消瘦女工站在一排窝棚前面，跟摆糖果摊子的老头儿有一搭无一搭地聊着。可是她的眼睛却留心观察着对面工厂的动静。

忽然铃声响了，成群的女工拥出了大门。

这个消瘦的女工迅速地夹进了人群，一边走一边张望，好像是在找人。忽然她挽着一个女工的膀子亲热地说："大姐，你住在哪里？"

这个缫丝工迟疑地说出一个地址。

"我是新来的，"那个消瘦的女工紧接着说，"有件事想请教你！我跟你走好吗？"

缫丝女工又望了这个陌生的同伴一眼，没说同意也没说不同意。不过她也不能拒绝了，因为已经到家了。

这个陌生人一点也不谦让，就进了屋子。在主人们吃饭的时候，她也要了些开水，把自己带的冷饭团泡开，跟主人一起吃起来。忽然这个陌生人掏出一张纸片，递给那个缫丝女工。

"大姐，你看看，这纸上写的什么？"

"我不识字呀！"

"唉，"陌生客人有些失望，"听说这是共产党散的传单，讲咱们工人苦处的！……"

"天哪！"那个缫丝工像遇到什么祸事似的，"快扔了吧，查出来要坐班房呀!”

“我才不怕呢!”这个陌生客人滔滔不绝地说,“你看看,我们工人过的什么生活!一天挣一角六分钱,连吃喝都不够,还得罚款!上厕所罚款,长得不漂亮罚款,擦粉罚款!工钱都罚光了!我看就得罢工……”

可是主人不愿意听下去了。她卖掉所有的衣物才托人找到这个饭碗,再要罢工,被开除了,一角六分钱也没人给,可怎么活下去?现在哪一个工厂不是这样?听说有的矿工还带着铁镣去挖煤!自己的事都管不了,哪有心思管这些闲事。于是她忙站了起来,洗碗、扫地、申斥孩子,好像没听见那一段谈话似的。

瘦弱的女工叹了口气,无精打采地走开了。

这个不速之客就是赵一曼。几个月以前,她从宜昌逃回上海,化装成一个女工,住在弄堂里。她没有合法的职业,每月从党组织那里领几块钱,维持最简单的生活。她吃的是大饼油条,或是上小摊捏两个饭团,饥一顿,饱一顿。奶早断了,孩子瘦得皮包骨头,日夜啼哭。这一切都能忍受,最叫人不安的还是工作,党要发动工人,可是她却不能在工人中间扎根。这几个月来,她整天像游魂似的,东塞一张传单,西塞一张传单——只是看不见效果。她也结识过几个工人,可是在动员她们罢工、游行之后,挨打的挨打,开除的开除,她也不敢露面了。每失败一次,都在她和工人中间筑下一堵墙,使她们的距离更加疏远。而一些形迹可疑的人，开始在住处附近徘徊，她只得抱着孩子，换一个住处。搬过几次，就连仅剩下的几件换洗衣裳也丢光了。

像今天这样的事，她碰到不止一次。每次碰壁，她都不灰心，过后再换一种方式，可是今天却有些例外，她的心绪很坏。她预感到自己有病了。

当回到旅馆那间闷热的小屋时，她不住地呕吐起来。孩子早由床上滚到了地下，苍蝇叮得他哇哇叫，可是赵一曼听着，那哭声就像苍蝇的嗡嗡声一样微弱。

一个茶房推门进来了。

“你怎么啦？”

“病了，”赵一曼伸出手，做了个手势，“请你给这孩子倒些开水！”

茶房走近床前，看着她灰白的面庞，黑陷下去的眼眶，吃惊地说：“这别是伤寒病吧？得赶快进医院！”

赵一曼震动了一下。她身上只有几角钱，怎么进得了医院？她应该赶快告诉党，如果真是伤寒的话，就得快治。她恳求着说：“茶房，托你送个信好吗？”

茶房答应了。可是，当他问信送到什么地方的时候，赵一曼又摇了摇头。

“算了！送信他也收不到……”

她心里这样想：“着人送信，就会暴露同志的地址，谁知道送信的人，会不会乱说呢？”

“也许我表弟等一会儿就来的，”她解释说，“真不好意思老麻烦你！”

天黑了，赵一曼昏昏沉沉地，似睡似醒。房间没有点灯。突然，外面不知谁说些什么，那声音好像很熟，只是她一时想不起来是谁。她正疑惑的时候，门被推开了。

“淑宁！”随着话声，一个人扑到床前。

赵一曼心里一热，光是这一声招呼，她已经猜到是谁了。

“秀石！”她勉强支起身来，可是，由于激动，也由于过度的衰弱，她的手发抖，终于又倒下了。

她们忙乱了半天，才找到火柴，点着了煤油灯。

郑秀石看着她那白里透青的脸色几乎惊叫起来，这同过去那张美丽的脸完全不同。她那微黄的头发干涩而又蓬乱，那一双灵活的会说话的眼睛也暗淡了。

“我的天，你怎么被折磨成这样子啊！”郑秀石难过地说。

赵一曼温和地笑着，能见到久别的好友，她觉得病顿时减轻许多。

“先不管这些。”她抓着郑秀石的手说，“好妹妹，快告诉我，你怎么找到我的？”

朋友说得很多，她那张小嘴，还像过去一样吐着清脆的语音。她告诉赵一曼，来到上海以后，她就成了职业革命者。可是这些话，赵一曼听来都是不连贯的，连意思也弄不清楚。激动过后，她变得更加衰弱了。

当夜，她被送进了医院。郑秀石把婴儿抱回自己的住处。

赵一曼在医院里一连住了一个多月，每过一天，她心上就加了一分不安。因为她知道，为了治好她的病，好多同志又得挨饿，说不定支部里的同志正在这个医院出售自己的鲜血，来给她筹措医药费。

这样想着，她不能再住了。她回到旅馆里，不一会儿，郑秀石把孩子抱了来。这个小家伙长胖了。

“还不如把这小东西送给你，他跟着我可真受罪了。”赵一曼说。

郑秀石脸红了。她轻轻推了一曼一把。

“你看你的头发多乱，我给你梳头吧！”她岔开了话头。

听见这话，赵一曼会心地笑了。她进学校那天，就是郑秀石给梳的头。那双灵巧的手，能叫头发变出多少花样啊！可是现在这间空荡荡的屋子里，竟没有一把梳子。

“你还是这样会打扮，”赵一曼看到朋友，又是夸赞又是羡慕地说，“这也好，活着就要活得愉快！”

郑秀石被说得有些不好意思。她从口袋里掏出一把小拢子，给一曼拢着头发。

五

秋天，赵一曼来到南昌。

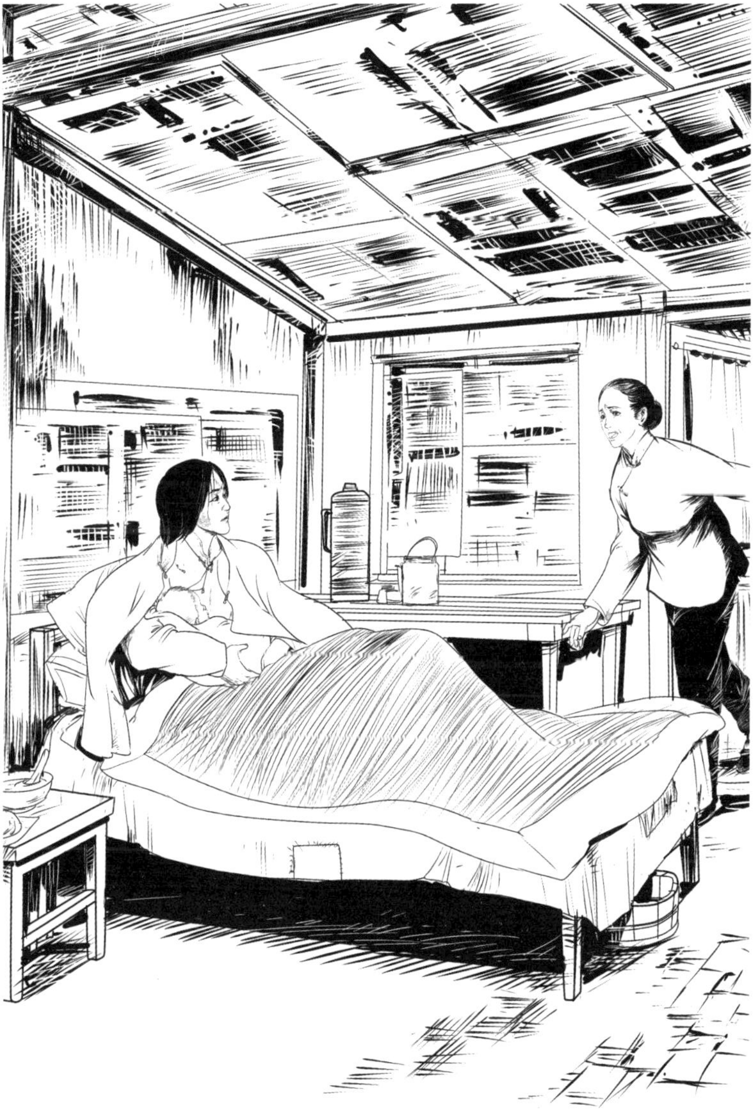

党组织派她到江西省委机关工作。她和一个姓王的同志建立了“假家庭”，他们本不相识，现在名义上却是夫妻。

但是，三个月后，他们的机关被敌人破获了。

那一夜，下着碎雪。小王出去开会了，临走说他不能回来，叫赵一曼不要等他。她刚刚躺下，忽然听见了敲门声。赵一曼马上跳下床，披上棉袍，跑去开门。

“快走！出了叛徒！”小王简单而严厉地说。他几步抢到床前，抱起睡熟了的孩子塞到她的怀里。

“到底是怎么回事啊？”赵一曼还想问明，可是小王不理她，自顾去烧毁文件了。

赵一曼刚抽开后门门闩，前边的门就急骤响起来。她暗地停了一会儿，想等着小王一齐走。可这时前门被砸倒了。只听枪栓哗啦一响，几个粗野的声音同时喊道：“别动！”赵一曼心里紧缩了一下，再没有犹豫的余地，迎着风雪跑了。

——她很久以后才知道，在省委开会的时候，叛徒领着军警把会场包围了，小王翻窗逃了出来。本来可以脱险，因为担心一曼母子的安全，又怕机密文件落在敌人手里，他就径直奔了回来。当他烧着文件的时候，敌人已跟踪追到门前。

她不知道该往哪里去，只是不停地跑着。四周是浓密的透不破的黑暗。雪越下越猛，地上积了很厚的雪。跑了好久，她才分辨出：发白的地方是路，黑处是水田。她已经跑到野外来了。

雪花无声地飘落着。不知什么时候，她跑脱了一只鞋。现在缓步走着，她感到刺骨的寒冷，脚也麻木得失去了知觉。天还不亮，她借着雪的反光，辨认着路径。左边不远，有一丛黑森森的树木，似乎是个村庄。她踅过一条小路，想过去歇歇，可是脚一滑，掉进了水田里，她紧紧抱着孩子，怕甩出去。

孩子一直是睡着的，现在也许是冻着了，也许是碰着了，哇哇地哭叫。赵一曼越是心慌，越是爬不起来。狗也随着狂吠起来，好像四面都是人家。

赵一曼挣扎着，又往前走。她下半截全是湿的，冷风一吹，衣服冻硬了。走一步，就吱吱地响。她紧紧捂着孩子的嘴，不让他哭出声来。

她发现场上有个草垛，就钻了进去。扯出一些稻草，盖在腿上，就这样坐着，等待大亮。她的脑子里很乱，又替小王担心，又怕自己病倒。谁知道省委机关现在是什么样子呢？

天渐渐亮了。她爬出了草垛。孩子只是啼哭，他饿了。赵一曼心里发酸。这个冤家啊！他为什么偏偏生在这个时代呢？她几次想把他丢下。可是这样想着，她就更紧地抱着孩子。慈母的温情把她征服了。

她走到村头一户人家。

“救救我们吧，老表！我进城找我的丈夫，路上遇见了土匪。……”

看她那副狼狈的模样，的确是个落难的样子。主人把她让到屋里，给她烧上火，烤干了衣服。并且熬了锅白薯粥，母子俩饱饱吃了一顿。

临走，这家主人又给找来一双积满灰垢的男鞋，叫她穿上——这里的妇女也都缠着小脚，没有适合她穿的鞋子。赵一曼把鞋头塞了些破布，钉上鞋带，谢过主人，又上路了。

她用两根草绳，把孩子绑在背后背着。她拿定主意，马上回上海去，向党中央报告事件的经过，设法营救被捕的同志。

四野静悄悄的，一望无际的雪原，冷风卷着雪粒，在空中飞旋。赵一曼走着，从这个村到那个村，只有孩子啼哭的时候，她才坐下来歇一歇，讨碗水，讨口稀饭，喂一喂孩子。如果有人问她的来路，她就说："我进城找孩子的爸爸，路上被土匪抢了！"停了一会儿，又说："也难说哪！现在军阀又在打仗，逼得老百姓没办法活，不然的话，谁还当土匪！"

这样说着，她的心情轻快些了。她觉得她是下乡宣传，不是逃难。她就是在绝望的境地，也还是想着有利的方面。

黄昏的时候，赵一曼来到赣江边上一个小镇，那里正停着一批粮船。她拿出一只怀表，求船主带她到九江去。

怎么能忍心拒绝这遇难母子的要求呢？船主只好让她上船。船上的人很快发现这个妇女有些奇怪，她不仅不唉声叹气，反而有兴趣地询问船上的生活，好像她并没有遭到意外，而是特意到船上来做客。

因为顶风，不能挂帆，船行得很慢。遇到浅滩，船夫们还要涉水拉纤。第二天，船到了九江。正好有一只开往上海的客轮停在码头上，装煤上水。运粮的船夫们想出一个巧妙的主意，他们悄悄地把船撑到轮船近旁，趁人不注意，让她钻了进去。

两天以后，轮船到了终点。赵一曼没有船票，又没有钱。一个茶房跟着她，要她取钱补票。赵一曼领着他走了一条街又一条街。她不能暴露机关的地址，心想如果他不死心，就这样走下去，一直到他不愿再走为止。幸好不多久，那个茶房碰见了熟人，赵一曼趁他们说话的当儿，甩掉了这条尾巴。

当夜，她在湘记旅馆定下一个房间，她上次害病就是住的这个旅馆，店里人认得她。

她把孩子放在床上，就给郑秀石打电话，要她马上来。不一会儿，房门被轻轻敲了两下。一个姑娘飘然地来到她的面前，她走路几乎没一点声音，可是赵一曼看得出她的激动。

“好妹妹，我们又见着了！”赵一曼扑过去，抱住那个娇小的姑娘，快活地叫着，不住地跳脚。

郑秀石急切地想知道发生了什么事，从一切迹象来看，她猜到江西省委机关出了问题。

“我要快些去向组织汇报，好多同志被捕了，应该设法营救。”赵一曼说，“好妹妹，你给我找身衣服，一双鞋子。你看我这身打扮，目标太大了。”

郑秀石匆匆忙忙地走了。第二天一早，她就带来了一套合身的棉衣，还有鞋袜。那小包袱里，还有一套给孩子穿的小棉袄裤，那是她连夜用自己的旧衣改做的。为这些事，她一夜没有睡。

赵一曼说不出的感激，可是她没有说声谢谢，她知道这样说，秀石会生气的。

郑秀石帮着她换了衣服，抓着她的膀子转来转去地看，觉得很满意。在赵一曼出门的时候，她也没有忘记给她把头发梳成新的式样，而且也没有忘记为她别上一枚美丽的发卡。

第四章　铁　流

一

清晨，教堂里响起清脆的钟声。

赵一曼从沙发上爬了起来，叠好毛毯，就忙着拖地板。她对这种贵族生活，还不习惯。听见钟声，就不愿再躺着。她来到哈尔滨已经好几个月，在这里又建立了新的“家庭”。家庭的另一个成员老曹是满洲总工会书记，赵一曼是秘书。为了掩护革命活动，他们自称夫妻，来应付敌人的盘查。

这两年来，赵一曼没有过一天安宁的日子。回到上海不久，孩子就得了慢性肋膜炎，天天哭闹。她本想把孩子送回四川老家，交给二姐照顾。可是，二姐逃亡在外，下落不明。

费了一番周折，才把孩子送到武汉——丈夫哥哥家里。刚到汉口，敌人的密探就跟踪追来，她不得不匆匆丢下孩子，冒着风雨逃走了。

她回到上海，一直在中央机关工作，有时扮作小学教员，有时又扮作富商的家室。在那样紧张的环境里，她的神经也被训练得特别敏感。听见汽车叫，不禁要望望窗外；听见一声咳嗽，一声铃响，都好久不能平静。这两年，睡觉没有脱过衣服，也没有脱过袜子。随时准备出走，应付盘查。这就是战斗：在睡眠的时候，要保持清醒；坐在饭桌前面，却准备好进敌人的牢狱；和同志接头，要先编好被捕时的口供。赵一曼已经成为一个老练的地下工作者了。

“九一八”事变以后，党派出大批干部，到东北敌占区去组织抗日救国斗争。赵一曼到了沈阳，在一家烟草公司做卷烟女工。不到半年，满洲省委机关被破坏了，她转移到哈尔滨，在南岗租了一所俄国侨民的住宅。房租虽然贵些，却可以使用现成的家具，也不必报户口。平时没有邻居上门，只要先交下房租，什么时候来住，什么时候搬走，是没人管的。对于一个秘密工作者，这算是最理想的住处了。

赵一曼喜欢这个城市：石头街道，林荫下的长椅，俄罗斯风格的家屋。她喜欢这个城市早来的黎明，正如喜欢故乡迟到的黄昏。

吃罢早饭，老曹外出办事，赵一曼坐在沙发上，给住在外边的同志补袜子。他们一个月只有十几块钱的生活费，并不宽裕。为了省些钱，她吃从未吃过的高粱米，也搭些别的粗粮，并且自己生豆芽。出门从不坐车，不管多远，都是走着去。把省下的钱，买些小菜，自己做好，送给单身住在外边的同志。表面上看起来，她的工作不过就是这些：拖地板，上菜市，做饭，洗衣。跟一个普通家庭主妇没有什么分别。好多同志背地谈起，都说把她的才能埋没了。可是赵一曼是愉快的。不管她喜欢不喜欢，革命毕竟不是在幻想的彩云里进行的。一场伟大的斗争，开始就是由细小的、繁琐的甚至是不见成效的点滴工作，日积月累推动起来的。

室内光线越来越暗，赵一曼手指也有些酸疼了。她到外边转了转，没有发现可疑的形迹。正要回身关门，老曹在街角出现了。

他本是个铁路工人，在“二七”大罢工斗争中，左腿受过枪伤，走路有些不灵便，因此他脚步很轻，动作缓慢，免得露出破绽。他一走进屋，就低声地说：“又得开夜车啦！”

赵一曼不声不响闩上门，到墙角揭开地板上的几块木板，搬出油印机。她已经熟悉了对方的语言，老曹的意思就是说，他们要连夜赶印传单。

原来是这样一件事：今天傍晚，日本警备司令部警备营一个姓孙的营长，穿着便衣，从桃花巷登上电车，售票员问他要票，姓孙的两眼一瞪说：“什么车票？你没长眼吗？”售票员张洪玉是个共青团员，早恨透了这些作威作福的汉奸，冲着姓孙的说：“是人就得买票！”姓孙的丢了脸，把张洪玉扭到宪兵队，打得半死，才抬回电车公司。

“工人都忍不下去了，”老曹说，“今晚三百多电车工人聚在食堂里，闹着要罢工。你要连夜把传单准备好。我马上到工人宿舍去开会，再晚就要戒严了。”

赵一曼拿出十张干净的纸，给他包了两块冷高粱饼子，送他出去。看着老曹蹒跚的背影在街角消失了，她才关上了门。

赵一曼趴在桌上，不停地刻着蜡纸。后来，她又自己调好油墨，一张张印出来。两年来，她已经做得很熟练了。

天亮的时候，她把几百份传单捆好，放在筐子里，外边放了两件要洗的衣服，到街上去了。

街上显得特别安静。一辆古旧的马车，颠簸着驶了过去，石头路上响着得得的马蹄声。

喇嘛台的钟声悠扬地响着。成群的俄国侨民虔诚地走进了那所竖着十字架的木头房子。

赵一曼过了霄虹桥。日伪军在桥头加派了双岗，端着枪，注视着往来的行人。赵一曼提着篮子，毫不在意地从哨兵跟前走了过去。

她把传单送到罢工委员会，就跟着工人上街宣传了。各个电车站上，都拥挤着乘客，等候电车，叫骂的也有，探听的也

有，赵一曼停了下来："今天没有车，走吧！"

"为什么？"好多人围了过来。

"电车工人罢工了！"赵一曼说，"警备司令部真凶，坐车不买票，还要打人！老百姓真活不下去了！"

她就利用这个机会讲说着被侵略的痛苦，领着乘客从这一站步行到另一站，各站候车的乘客不断加入了这个队伍。大家都在议论罢工，谈论日本人的残暴，骂汉奸无耻。可是谁也不知道这件事是谁领的头。

队伍越来越长，传单从这只手传到那只手，人们争着要看。可是谁也不知道它究竟是从哪里传来的。

"不要抢，我看还是念念吧，大家都听得见。"赵一曼说，接着就高声诵读起来，"同胞们，日本帝国主义侵占了我们东北国土，把我们像奴隶牛马一般对待……"

警察赶来了。恰巧一辆空空的电车疾驰而来。赵一曼打了个招呼，跳了上去……

罢工坚持了两天半。工人提出了惩办凶手，赔偿医药费，保证工人生命安全等几项要求，这些条件日本领事馆都接受了。因为这是第一次罢工，来的又很突然，敌人没有准备，不得不做表面上的让步。

可是复工不久，电业局就开除了六个工人，转年春天，又抓走一批罢工骨干。接着，敌人在全市大检举，赵一曼买菜回来，路过喇嘛台，省委老交通员李升把她截住了。

“小李子，省委出了叛徒，老曹被捕了！”李升说，“组织部叫我送你去珠河！……”

赵一曼认识老李头，他当过邮工，家住方正县。前几年，汉奸抓了他的邮政车，叫他拉军火，走到松花江边，他打死了押车的汉奸，把军火推到江里便跑，从此不敢再回家。日本人烧了他家房子，把他的老妻和两个儿子也杀了。老李头到处流浪，后来找到共产党，当了交通员，转送文件，护送干部，北满各地都跑遍，从没出过差错。虽说七十多岁了，身板还很硬朗，神清气爽，细高个儿，留着一把白胡子，但在人前却装得老态龙钟，弱不禁风。赵一曼没有细问，就顺从地跟着老李走。这么多年，她已养成临危不乱的习性，善于控制自己的感情，越是情况紧急，越是镇定从容。自始至终，都没向老李打听一个字。

老李头找到一个熟识人家，给赵一曼改了装，换上一件打了补丁的黑褂子，头上挽个髻，用花包袱，包了两服草药。

“走吧，路上不要说话。遇到盘查由我应付。”老李头嘱咐说。提了根拐棍二人就上路了。

经过香坊站口，果然遇上了盘查。

“站住！”一个伪军举枪喝道。

老李头拄着拐棍，扶着一曼，一步一哼地往前挪，好像没听见。

“检查！”伪军把枪一横，挡着路。

“呃——”老头儿把耳朵快贴近伪军的鼻子尖，“我是高城子的，进城抓药……”

伪军猛地从姑娘手里夺过包袱，上下打量着她。

“你是哪个屯子的？姓什么？”

姑娘茫然地张张嘴。

“长官，我闺女是个哑巴，陪我进城来看病。”老头儿有气无力地说。又从怀里掏出药方子晃了晃，诉着苦说，“长官，一服药就花了一块八。你看看这方子，用了人参吧？这么贵，药铺真坑人哪！……”

伪军早听得不耐烦，把草药翻了翻，顺手丢到地下。

“去，去！”

姑娘捡起药包，扶着老头儿出了站。

他们走进一片高粱地，老头儿就拿拐棍儿挑着花包袱，放步飞走，赵一曼紧紧追赶。她知道老李头是有名的铁脚板，飞毛腿，心里较着劲，不让他落下。一口气跑了二十多里，老李头才收住脚，呵呵笑道：

“行喽！小李子！能打游击！把我老头子撵得快断了气啦！”

“总算没叫汉奸看破，”赵一曼喘着气说，“李大爷，我就做你的女儿吧！”

二

乌吉密河两岸飘下了大雪。寒冷袭击着北满的土地。一支武装整齐的队伍，经常出没在黑龙宫、秋安屯、关门嘴子一带。这支队伍是抗联第三军第二团。团长是王惠同，政治委员是赵一曼。

赵一曼初到哈东地区的时候，局势还非常混乱。一些自发的抗日武装，在敌人的进攻下，垮的垮了，跑的跑了。散兵游勇十人二十人抱个山头，立一个司令；一向秘密活动的盗匪组织，什么“五龙”“青林”“闯江南”“撸子队”也露了头，公开干着打家劫舍的勾当。许多封建迷信武装：红枪会、黑枪会、大排二排、玄门坎门也跟着起来了，地主也组织了地方保卫团。这些武装先是各霸一方，后来就是互相厮杀，互相并吞。于是汉奸特务又利用这个机会大肆活动，配合日本侵略者的行动，收编的收编，“清剿”的“清剿”。闹得几百里地区日日枪声，夜夜鏖战。群众经不起这样的骚扰，纷纷携家逃走。没有主人的猪狗满山乱跑，收到场里的谷子也糜烂了。田园荒废了，村庄凋零了。几十里内，日间无一处炊烟，入夜无一盏灯火。只有任性的秋风，肆意地从这个门户闯进那个门户……

赵一曼和哈尔滨转移出来的几个共产党员隐蔽在珠河南边的一个屯子里，也无法公开活动。赵一曼乡音浓重，又是妇女，容易引人注目，只得改扮男装，和老乡们住在一起，昼伏夜出。忽然一天早晨，人们发现村头的柳树上，挂着两具无名尸体，旁边还贴着布告，写的是“消灭残害人民的撸子队”。下边还盖着“中国共产党人民自卫队”的“关防”。

这消息即刻传开了。可是共产党在哪里呢？青年们到处打听，挨门挨户问谁家来了客人。他们很容易地找到了这几个共产党员的住处，便赖着不走，要参加人民自卫队。他们很快又发现个秘密：那个叫“瘦李”的游击队长，竟然是女的！

几个月内，这支小小的队伍一步步消灭了小股土匪、大股马贼，壮大了自己。关门嘴子一仗，又打死日军指挥官。人们更是暗暗称奇：“瘦李还会指挥作战！”因为赵一曼从来没向任何人透露自己受过严格的军事训练，还懂得枪法。

现在，队伍编入抗联第三军，成为哈东地区抗日的主力。赵一曼头戴皮帽，身着短皮大衣，斜背着一支匣子枪，比以前更加英俊了。战士们称她是“我们的女政委”。她这支队伍在青纱帐起的时候，拔下好多据点，袭击过敌人的军用列车，如今，天寒地冻，为了躲开敌人的冬季“大讨伐”，转入了深山密林。

当时党对于建设根据地还没有经验，既不懂发行货币，又不会征税，甚至也没有政权机关。部队到了哪里，还是“打土豪”“吃大户”，要钱要粮要枪。生活是艰苦的，正像一支歌所唱的那样：

天大的房子，
地大的炕，
火是生命，
野菜是粮，
森林是家乡。

十一月，一场接连一场的大雪，把山沟、盆地填满了。莽莽苍苍的森林，完全改变了面貌，树叶落了，枝头枯了，猎人离开了。只有黑熊、野猪和狍子，还留在这里，它们也钻进枯树洞里，很少出来了。在森林中活动的，只有抗日联军的战士。

赵一曼和她的部队在风雪的森林里住了十多天。储存的粮食吃光了，他们像猎人一样，拿着枪搜树洞，找黑熊，打野猪；捕回来野兽，架在火上烧熟吃。有几天，打不着野兽，战士们把脚上穿的靰鞡底煮了吃。

一天，赵一曼到一个树干垒的棚子里，战士们正坐在木头上缝补衣服。

“同志们，冷吗？”赵一曼问。

“不冷！”战士们齐声回答。

“为什么打哆嗦呢？”

“冻的！”一个长着连鬓胡子的战士调皮地说。

战士都哄笑起来。因为怕暴露目标，白天没有生火。大家知道政委很会讲故事，围着她，要求着：

“政委，讲个故事吧！”

“讲什么呢？都讲完了。”赵一曼坐在战士们中间，指着那个连鬓胡子战士说：“请老于讲吧！他的故事最多。”

“我可没什么讲的！我是地主送来的！”老于一本正经地说。他看见大家有些莫名其妙，就做了个怪相：“是这么回事，那年我在地里干活。这地方垄头很长，等到犁回来，见蒿秆上穿着一张纸，写了好多字。我们这几个伙计就拿过来看，一个字也不认识！这时候，地主来了，他一看这纸，脸就白了，对我们骂‘你们好大胆！这是共产党的传单，鼓动抗日的！你们不要脑袋了！’我四下一看，远处还有人影，我想那一定是共产党，丢下犁把就追，一直追到队伍里！……”

老于的自我介绍，逗得大家都乐起来。一个新入伍的战士，听着故事，把补衣服的事忘了。赵一曼要过他手中的针，说：“把腿伸过来，我替你补！”

新战士红着脸，摸着膝盖上自己补的一块补丁，难为情地说：“政委，我从小没受过这种训练！”

“那么，咱俩的水平就差不多了！”赵一曼坦率地笑了笑说，“我从小也没受过这种训练，学会补衣服，还是到游击队以后。”

针在新战士手里，比拿枪还笨，可是到了政委手里，它突然变得灵巧起来。

赵一曼缝完了最后一针，熟练地打了个结，把线拉断，忽然看见那个战士脸上一层油泥，看样子有好几天没洗脸了。

“你为什么不洗脸呢？”赵一曼问道。

“嘿嘿，政委，有饭吃，有仗打就行，这个年月要那么干净的脸给谁看。”

“嗯，也有道理。”赵一曼点点头，然后又问那个战士，“你准备干几天革命？”

“怎么能说几天！”战士认真地回答说，“我要一辈子干革命。”

“那么，你这脸就没有干净的希望了？”

正说笑着，团长王惠同来找赵一曼商量事情。那个新战士急忙拿起毛巾，溜到河沟边去洗脸。王惠同说：

“哨兵捉住个可疑人，他说叫邹博学，过去同你一起工作。近视眼，戴个眼镜。你去看看。”

赵一曼记得这人，当过珠河区委宣传部长，被敌人俘虏去，一直下落不明。

“这人是个书生，能双手写字。”赵一曼说，“他来做什么？”

“我问过了，”王惠同说，“他说，被捉走后，敌人叫他当特务，他假意答应了。瞅个空子，拐出两支手枪，又来找队伍。你看怎么处理？”

“既然他投降了敌人，同咱们就是两路人。”赵一曼说，“他是自己来的，咱们不杀他。放他回去吧！”

“他赖着不走，非要见你不可！”王惠同说。

两人来到棚子里。邹博学见到赵一曼，就双膝跪倒说：

“瘦李同志，我好容易逃出虎口，把我留下吧！春上我在兴隆沟，被日本鬼子捉走了，不得已才假投降，我可没做坏事呀！”

“快起来！对谁都不要下跪！”赵一曼对他又鄙视又可怜。“你是真投降假投降，我们不清楚。把枪还给你，另谋生路吧！”

“哪有我的生路啊，回去是个死，不如把我杀了，教育大家。”邹博学苦苦哀求说。

党委会讨论了半天，也没有好主意。邹博学过去表现不错，被俘后也没听说做过坏事。今天携械来归，总算是迷途知返。这么一分析，又觉得不该赶他走。最后决定留下看管考察。

三

当冰雪刚刚融化的时候，部队离开了密林，又出没在珠河铁路两侧，截击军车，捕杀汉奸，收缴武器。他们行动神速，长于奔袭，攻破宾县城，逼近蜚克图，威胁哈尔滨。敌人又集中兵力来“讨伐”，在珠河地区实行了残酷的集屯并村政策。游击区的房屋被烧光了，居民被赶到铁路沿线的“集团部落”里，同时组织开拓团，武装移民。

敌人想尽一切办法，要隔绝抗日联军和群众的联系。

哈东又沦为血海，沟沟起火，村村冒烟。大火燃烧了三天三夜，河边的石头熏得发烫，山上的树木都烤焦了，死亡闯进每户人家。

人民没有屈服。当余烬还没有熄灭的时候，他们就从山沟里跑出来，在抗联战士的警戒之下，动手拆掉烧焦的梁木，在废墟上搭起草棚。

一连几个月，都在和敌人作“拉锯战”。群众在部队的掩护下，烧光再盖，可是刚盖好又被敌人烧了。敌人的进攻越来越凶，部队再也坚持不下去了。

1935 年 7 月，赵一曼和王惠同带着疲惫不堪的战士们转移到铁道南边。他们这一个团，只剩下三百来人。另外还有跟随转移的妇女会和农会的几十个干部。可是这里的村落也全被扫平了。他们既找不到住处，也找不到粮食，只能在山沟里过夜。饿了就嚼几颗生玉米粒。他们还没有站稳脚跟，敌人又跟踪追过来了。

他们正需要一个喘息的机会，军指挥部来了命令，要他们回到铁路北边，开往松花江下游，和主力部队会合。因此，赵一曼和王惠同又带着部队，摆脱了敌人，向延寿方向转移。

十月飞霜，草木凋零，冬天过早地降临了。战士们穿着奇形怪状的服装：有的围一件熊皮，有的披着兔皮、猫皮缀补的大衣。裤腿撕碎了，就裹上树皮，再捆几道草绳。

这天晚上，部队来到左撇子沟。那里已经只剩下一片瓦砾，没有一间完整的房屋。赵一曼想起过去的情景，蓦地感到一阵凄凉。那些跟她共过生死的人们，都到哪里去了？她在废墟上徘徊了很久，也没有听见一点熟悉的声音。

战士们在一个背风的地方，点起了篝火，围着烤一只偶然猎到的兔子。赵一曼闻见香味走了过来。

“政委，你也来一块，”老于撕下一只兔子腿递给她，“可惜没有酒！要是……”

可是他没说完，大家就叫嚷起来了。因为他是个天生的“酒鬼”，他年轻时候给地主扛长活，有一天，偷偷跑到酒缸边喝了个够，当时就醉倒在地上。直到他长出一大把胡子，也没有还清这笔账。

“你的酒账还清了吗?”赵一曼认出是老于，一边打趣地说，一边接过兔子腿，对于战士的礼物，是不能拒绝的。

“有算总账的一天!”老于愉快地眨眨眼，摸摸胡子，“还得出利息，叫他给我数胡子，数一根灌他一盅。”

“你想灌死他呀，真是个怪主意!”赵一曼坐了下来，“当心他一根根给你拔下来!”

战士们就动手打闹起来。赵一曼趁这个机会离开了。她在山下找到了团长，他刚查完岗，坐在那里抽树叶卷烟。

“战士的情绪还好吗?”王惠同问。

“还好，只是太累了。”

“累也得走，到延寿再说吧!”

他们守着忽闪的火光，翻开地图，定出明天行军的路线。后来又沉默着坐了许久。

“伤员咋办呢?”赵一曼终于小心地提出这个问题。

这正是王惠同最怕触及的问题。部队本来可以强行军去追赶主力的，可是由于伤员过多，他们的行动受到很大牵制。这个行伍出身、遇事果断的团长，在安置伤员这个问题上，也和她一样束手无策。

“反正不能丢下!”王惠同阴沉地说，“能走的走，不能走就抬!”

赵一曼想：也只能这样。她拨开火灰，烧了几粒玉米爆花，递给王团长，又从口袋里拿出那只她没舍得吃的半生不熟的兔子腿。

“你不要老是照顾我！”王惠同烦躁地说，“你也得关心一下自己，你看你瘦成什么样子。”

赵一曼不理他，把兔子腿塞到他手里，就去找邹博学弄担架。可是连问几个人，都说没见着。老于说：“这个邹瞎子多半又迷了路。担架叫我去弄吧！”

山沟里，点了四五堆火，战士们环绕火堆，依偎在一起，睡着了。冷风吹来，火苗不住地颤动。赵一曼找到一块空地，蜷缩作一团。她担心地想：“邹瞎子别又撞到敌人手里！”寒冷使人透不过气，她一挨地，周身就麻木了。隐隐约约，听见有人轻声哼着军歌：

> 荒田遍野，白露横天……
> 征马踟蹰，冷风侵人夜难眠。
> 火烤胸前暖，风吹背后寒，
> ……
> 伟志兮，何能消减，
> ……团结起，夺回我河山！

黎明的时候，她被冻醒了。篝火早已熄灭，战士们冷得不住地跺脚。天色阴沉，像要下雪的样子。

忽然，山头响了一枪。王惠同像地下冒出来似的，出现在大家面前，他用沙哑的嗓子喊了声："准备战斗！"战士们就跟着冲上山去。

他们被敌人包围了。这一路敌人是珠河县讨伐队，有六百多人。这股敌人一直跟在后边，从路北跟到路南，又从路南跟到路北，他们乘着黑夜，占领了四周的大小山头。现在每个山头都有敌人的帐篷。

战士们血战了一整天，打垮了敌人六次冲锋。可是伤员越来越多，子弹越来越少了。人们感到这一天无比的漫长。战士们既未吃一口饭，也未喝一口水。他们嚼着草根，等待迎击敌人再一次冲锋。

夜里，枪声渐渐稀落下来，紧邻的山头升起一堆堆的篝火，还清楚听见敌人士兵的叫骂声。

"就这样待下去吗？"赵一曼卧在一块石头后面，问旁边的团长。从战斗打响以来，他们几乎没顾得说一句话。

"突围！"王惠同肯定地说，显然这是唯一正确的决定，用不着商量的。

"我担任掩护！"赵一曼说，"给我留下一班人，你带领部队和伤员突围……"

"这怎么行！"王惠同说，"怎么能把你留下！你又是妇女……"

“现在还要争论，多没意思！”赵一曼生气了，“你只记得我是妇女，却忘了我是同志！”

跟每次遇到争论一样，团长让步了。只是这一回，他并不是心甘情愿的。但是一个坏主意也比拿不定主意好。所以他也不再坚持。约定了会合地点，他就带着队伍向西北方向突击。

赵一曼把十多个战士召集在一起，分配了防守地段。后来，又在山前山后，燃起一堆堆篝火，来迷惑敌人。

忽然，四周响起密集的枪声。枪弹呼啸着。赵一曼感到肩头一热，知道自己负伤了。她拉开最后一颗手榴弹，向攻上来的敌人投了出去。随后，她纵身一跳，顺着山崖，滚了下去……

四

附近还有零乱的枪声。一道道火光，把浓黑的夜撕开一条条小小的裂缝。

赵一曼清醒过来了。她由山头滚到山沟，手枪还紧紧握在手里。山头已经被敌人占领了。她担心地想，团长是不是安全突围了呢？她爬了几步，仰头望了望星位。墨黑的天空，闪着稀落的星星，好像个大铁罐，破了几个窟窿。赵一曼辨清了方向，又往前爬。

忽然近处的石头哗啦响了一下，她紧紧握住枪，低声喝道：“哪个？”

“政委吗？我是老于！”

原来这个人离她不过几步远。几乎伸手就摸到了。他也是从山上滚下来的。担任掩护的，现在就只剩下他们两个人了。

老于过来扶着她，顺着山沟钻来钻去，赵一曼转糊涂了。不过，她信任这个战士，这里每道沟都流过他的汗水，每块石头他都熟悉。就是闭着眼睛，也不会走错。王惠同特意把他留下，不是没有理由的。他们忽而贴近山头的火光，忽而又离得远远的。最后，他们爬上一个山头，回头一望，就在他们来的地方，整座山都燃烧起来。在那里还留着同志们的尸体，他们竟来不及掩埋，想到这里，赵一曼难过地低下了头。

天亮的时候，在一条山沟里，又遇见一个小姑娘，她是妇女会员，叫杨桂兰，才十六岁。跟着王惠同突围失散了，一见赵一曼，就扑在怀里痛哭起来。

“队伍都打散了！我一个人，没命地跑，腿也磕破了，到处都听见鬼子叫，真吓死人……”

赵一曼又添了心事，突围失败了。她渴望得到更多一点消息。可是在约定会合的地点，既没有一个人，也不像有人来过的样子。赵一曼心里烦闷而又焦急，不知是离开还是等下去。她看了看四边，拣一块大青石坐了下来。

“现在你还怕吗？”赵一曼抚弄着小杨蓬乱的头发，温存地说。

“跟你一起，胆就壮了。”

“那很好，咱们再干！有两条枪，什么也不怕！”

三个人歇了一会儿，就又下到山沟里。刚转过一个山头，意外地发现半山坡上有两间小土屋。赵一曼高兴了。看来这土屋是放羊人过夜的，又或许是农民盖了看青的。有了休息的地方，也可以打听同志们的消息。

小屋空荡荡的，有半间堆的全是秫秸，地上却很干净。赵一曼站在门口正在迟疑，忽然墙角转过一个人来。

“你是瘦李子吧？”

赵一曼看着站在面前的这个“怪物”，愣住了。他的头发、胡子，长的老长，纠结成一个蓬乱的毛团，衣服就像是碎片拼起来的，用粗麻绳结在一起，浓眉下一双眼闪着冷森的光，简直是个野人。

“你不认得我了？”那个怪人快步走到赵一曼跟前，紧紧抓着她的手，“去年你叫我进城买过药材，怎么就忘了？”

“你是老张头？怎么成了这样子？”赵一曼又是兴奋又是惊奇地喊，就像放机关枪似的。“你不是住在周桂沟吗？家里人呢？”

“都叫鬼子杀光了！”老张头透过牙缝说道，“房子也烧光了！什么全光了！我一个人逃了出来，到处找咱们抗联！这几个月，都得不到一点消息！老乡们都被赶到大屯里去了。我发了誓，就是死在这山上，也不到敌人那边去！”

小杨听着失声哭起来。赵一曼心里像刀扎一样：人民经受了多大的灾难！可是他们比这些山、这些石头还要顽强。这样的人民是征服不了的。

“夜里听见枪响，我就想：我们的队伍回来了！我在山上待了一夜。早晨见有人过来，我躲在洞里看了好久。果然是你们！”老人一边说一边忙碌着。他在地下铺了两捆秫秸，叫他们躺下休息。自己又出去烧了些草木灰，加上艾叶，熬了些开水，给赵一曼洗了伤口。幸而枪弹穿过肩胛，没伤着骨头。赵一曼从破棉袄里撕出一块棉花，把伤口包住，又用布条捆好。没有药品，也只能这样了。

当他们刚蒙眬入睡的时候，老人好像变戏法似的，端来锅面汤。赵一曼更惊奇了，怎么也猜不透，这些东西是哪里来的。原来老人把仅有的一点粮食都藏在外边的土洞里了。这几件最简单的家具，也是他冒着危险，从火堆里抢出来的。几个月来，他白天不敢生火，怕的是暴露目标。有好多逃到野外的人家，因为做饭冒烟，被敌人发现，捉去杀了。他接受了这血的教训，一直过着昼伏夜出的生活。他怕饿坏了这些人，才去匆匆地做了一锅半生不熟的面汤。

赵一曼望着老人，又激动起来了。她感到作为一个革命战士的责任。她又看看老于，他的脸阴沉得可怕，一直没说一句话，眼前的事实给他的刺激太深了。当大家都沉默下来，他咬牙切齿地说：“不把敌人杀光，我就不是人！”

“吃吧吃吧！”老人殷勤地邀请着，显然，他的心情开始变得愉快起来，“可惜没有碗，就用这洋铁罐子吃吧！……能跟自己的同志说说话，心里也痛快。”

他们轮流用罐头盒子一口一口地吃着。面汤没有盐，还有股霉味，可是吃到嘴里，却异常香甜，因为他们已经三天没吃东西了。

“这点面，我还想留到过年包饺子呢!”老人想引起话头，“今天见到亲人，也就胜似过年了!”

天色依然是阴沉的。赵一曼心情更是沉重。她又感激老人，又记挂着突围的同志们。吃过饭，她求老人出去探听一下消息。老人同意了，并且给他们留下了半口袋玉米面，还说，如果可能的话，他还要找些盐回来。

天快半夜，还不见老人的踪影。赵一曼躺在秫秸堆上，怎么也睡不着。后来，她打着火绳，点着一小堆秫秸，烤了烤脚。听听外面，风已经住了。她站起来，拉开秫秸编成的门，发现天在下雪，遍地雪白。忽然一个雪人滚到她跟前，老人回来了。

“坏了!”老人一边抖雪一边喘息着说，“王团长突围的时候受了伤，叫抓走了。”

他在天黑以前到了兴隆沟。这个屯子驻扎着“警察所”，他看看自己这副模样，不敢进去，就在山头上趴到掌灯时分，才顺着土沟，溜到亲戚家里。亲戚告诉他：鬼子搜了一天山，逮走好多人，还出了布告，要老百姓检举。他听到这个消息，不敢久停，便连夜逃回来报信。

天刚亮，他们就生火做饭，准备吃得饱饱的，就离开这里。

赵一曼刚拿起一块饼子，忽然听见一声枪响，四个人一起跳了起来。外面有人叫着："瘦李瘦李，你们被包围了，快出来投降!"赵一曼探头一看，邹瞎子领着几个日本兵正往这边爬。赵一曼恨得咬牙切齿，举起手枪，对准叛徒，打了一梭子。"冲!"老于抓起枪往外跳，一出门就被机枪打倒了。敌人像蚂蚁似的拥上来。赵一曼跟着跳出去，想救老于。可是不等她挨近老于，一排枪弹打中了她的左腿，她晃了一下，一头栽倒在雪地上，便完全失去知觉了。

五

赵一曼醒过来，发现自己被绑在一架梯子上，由两个老乡抬着。小杨走在旁边。赵一曼看见她脸上留着泪痕，好像刚哭过。她明白，他们被敌人俘虏了。

"小杨，放坚强些！……"赵一曼低声说道。

"不要说话!"一个满脸横肉的家伙吼道。

赵一曼偏过头看看，这人穿着长筒军靴，黄呢大衣，腰里佩着军刀，看模样是个军官。

"这小姑娘是我找来侍候我的，她是好老百姓，你们逮她做什么?"赵一曼大声地说。她的意思是告诉小杨，叫她编假口供。

"好老百姓?"伪军官撇了撇嘴，"这里就没有一个好老百姓！早晚我得把她的心挖出来，看看究竟是好人还是坏人！”

“你是狗！”赵一曼愤恨地喊道。她闭上眼睛，再也不说话了。

在兴隆沟，换上了大车。伪军又押解过来几个负伤被捕的抗联战士。赵一曼躺在车上，战士们被绳子捆着，坐在两边。前后都是伪军，端着枪警戒。现在赵一曼才知道：这支伪军是珠河县“讨伐”三中队，刚才跟她说话的，就是汉奸中队长张福兴。邹博学是他派回部队的，那天晚上，趁机逃脱，跑回去领“讨伐”队来追击。昨天邹瞎子得到密探米振文的情报，说山沟里冒烟，就去报告了张福兴。今天一早伪军就把她住的地方包围了。

由于失血过多，赵一曼感到稀有的疲乏。她的左腿被打断了，露出了骨头，股上也中了两颗子弹。被血浸透的衣服，和肉粘连在一起。小杨坐在前边，搂着她的头。车轮颠簸一下，就搂得更紧一些。赵一曼紧紧咬着嘴唇，忍受着痛楚，不发出一声呻吟。她看看战士们，战士们沉默着。敌人不许他们交谈，但是他们却不住地用目光打着暗号，互相鼓励着。

天渐渐黑了下来。马车进了一个低矮的城门洞。

赵一曼精神一振，问道：“到什么地方啦？”

旁边一个穿便衣的瘦高个子应道：“进城了！你快交好运了。将来得到好处，可别忘了我米振文哪！”

赵一曼听说进城了，扶着小杨的肩膀，挣扎着爬起来喊道：

“同志们！挺起胸脯。叫人们看看我们抗联战士是什么样子！不要愁眉苦脸，灭了我们的志气！”

战士们都背靠背直起身子。跟着他们的政委，高呼起口号：

“打倒日本帝国主义！”

“不当亡国奴！”

敌人慌乱了，一边用枪托往赵一曼身上打来，一边轰两旁的人群。米振文夺过车夫的鞭子，“啪啪”甩了两下，用劲抽打着辕马，马放开蹄子奔跑，车轮沿着高低不平的街道，轰轰隆隆滚了过去。

杨桂兰用自己小小的身体，紧紧支着赵一曼，尽管颠簸，她也没有倒。战士们喊了一路，沿路的居民都跟在后边，把他们送到伪县公署。

赵一曼和杨桂兰一起被丢进一个阴冷的、充满臭气的地牢里。地上结了老厚的冰花。门口挂着一盏昏暗的油灯。她俩偎依着，坐在地上。由于骤烈的震动，赵一曼的伤口又不住地流血。小杨吓得呜呜地哭开了。

“怎么办哪，怎么办哪？”

“不要哭，不要哭，”赵一曼口里干得冒火，说话都有些困难，“哭没有用！只要你不胡说。一定能出去。”

“我是替你担心！”

“不要紧，忍耐忍耐，也就过去了！”说着她又想起了什么，把小杨拉到自己怀里问道，“你告诉我，老张头怎么样了？”

“老张头叫敌人烧死了，”小杨又呜呜咽咽地哭起来，“敌人去捉他，他把那个坏蛋的指头咬掉了两个。敌人就把他绑起来，扔在火堆里……”

“多好的人啊！”赵一曼想，眼眶里禁不住也涌上了泪水。

夜显得过于漫长。赵一曼一合眼，就陷入噩梦中，她的额角不断沁出冷汗，嘴唇烧焦了。她转动了一下头，吸吮着地上的湿气。渐渐地她感到一阵清凉，又昏了过去。

第二天晌午，送饭的来了，从门洞里递过两碗煮豆饼。赵一曼伤重，头昏，吃不下去，只喝了两口又苦又臭的黑汤，就无力地倒在地上。

不知过了多久，监房外一阵杂沓的皮鞋声，把她惊醒了，紧接着，监房的铁门打开了。几个人一齐吆喝着：“出来！”小杨搀着她，艰难地来到院子里。

雪后初晴，连阳光也是白色的。赵一曼在黑暗中待久了，眼睛经不起强光的刺激。她眯缝着眼睛，望望四周，军警林立。忽然西边的日本兵闪开一条小路，王惠同从另一个门里出来了。她一阵激动，用一只腿迎着蹦过去，可是，刚蹦两步，就倒在雪地上。

王惠同脸上毫无血色，身上的衣服全撕烂了，沾着一块块的血迹。他走到赵一曼跟前，把她扶起来，并且紧紧握了一下手。

“我们总算又见面了！”赵一曼嘴角闪过一个无力的微笑。

“我们犯了错误！太不警惕了，叫坏蛋钻了空子！”王惠同匆忙地说。可是日本兵已经把他架开了。

日本兵手忙脚乱地把他们排成两行，又一个个按着坐在长凳上。一个拿照相机的日本兵，量了一下距离，要给他们照相。赵一曼明白了：敌人是要把他们当作战利品拿出去宣传。她忍痛站起来喊道：

“同志们，都站起来，我们不是软骨头……”

当日本兵刚刚对好镜头，几十个人霍地站了起来，王惠同一脚踢翻了凳子。大家又是跺脚又是叫喊：“打倒日本帝国主义！”照相的摆摆手，丧气地走开了。

当天，接连几次刑讯，赵一曼始终没说一句话。那个吃活人脑子的指导官西村，急得紧紧掐住她的脖子。

“你再不说话，我要杀死你！”

赵一曼依然用沉默回答了敌人。邹瞎子事件引起她很大的震动。他们是太麻痹了，敌人钻进内部，他们却麻木不仁。因此不得不付出昂贵的代价。怜悯，轻信，优柔寡断，三句好话，就动了慈悲。统统见鬼去吧！如果再重新生活一次，她一定知道要怎样机警地对付敌人。但是，她不能作这样的幻想，她必须面对这血的现实！

“我们就最后较量较量吧，”赵一曼心里想，“我不说话，看你有什么办法！”

第六天早晨，太阳刚出来，赵一曼、王惠同被绳子捆着拉到小北门外一个广场上。日本兵上着明晃晃的刺刀，排列在广场四周。广场当中一张桌子上，放着一个在这次战斗中被打死的日寇大佐的灵牌。赵一曼知道，他们要被“祭灵”了。她的心情倒显得平静起来。她望望团长，他的眼睛闪着鄙夷的亮光，似乎是说：我早知道会来这一套。

“说不说?”西村用生硬的中国话嘎着嗓子说，“最后的三分钟!”

“你真可笑!”赵一曼嘲弄地说。这是她这几天对敌人说的第一句话。

西村好像个弹簧玩偶，挨了一棒，跳了起来。他一抬手，几个日本兵一拥上前，把他俩推到一个新挖的土坑前面。

“共产党万岁!”两人几乎是齐声喊了起来。

突然，随着一声重浊的枪响，王惠同仆倒在土坑边上。血溅到赵一曼脸上，她转过身，瞪着西村，恶狠狠地骂了他一句：“畜牲!”西村举起手枪，扣动了扳机。子弹贴着赵一曼的耳根，啸叫着飞去了。赵一曼紧闭着眼睛，岿然不动，等着第二枪。可是，一切都静寂下来。

“你的，”西村抓住她摇晃着，“看看，看看!”

“畜牲!”赵一曼咒骂着，没有睁开眼睛。在她耳边还回旋着她最亲近的战友的声音。

第五章　不　屈

一

赵一曼被“押解”到哈尔滨。

敌人决心要清除心腹之患。当时，哈尔滨东部山地的抗日游击区，包括滨江、宾县、方正、延寿、五常、珠河、阿城、双城、榆树、苇河各县，从四面威胁着哈尔滨。敌人屡次集中兵力来“围剿”，都没有达到目的。赵一曼被捕的消息传出以后，伪松江警务厅下了紧急命令，要把赵一曼解到哈尔滨审问，弄清哈东的情况，斩草除根。他们想：女人毕竟是脆弱的，只要略施小计，不怕不就范。

赵一曼做好了一切准备。她已经从阎罗殿前转过一回了，也不过如此。她估计敌人会使出更毒辣的手段，但是她更相信自己。除了祖国的自由，人民的解放，她再也没有别的牵挂。从被捕的时候起，她就没有幻想过能侥幸地活着出去。

当天夜晚，她下了火车，就被抬到伪满哈尔滨警察厅。

在一间并不宽敞的审讯室里，日本特务头子林宽重坐在一把转椅上，显然等得不耐烦。当他看见赵一曼被架着进来，连忙扔掉烟头，客客气气地迎过来。

“请坐请坐！”他伸手扶她，赵一曼推开了，他又递过一把椅子，也被赵一曼推倒了。

“我想同你好好谈谈，”林宽重摇着个大脑袋，用一口纯熟的东北地方口音说道，“你是个有知识的人，我不知道，你为什么要执迷不悟。”

林宽重来回踱着，后来停在赵一曼面前，端详了一下，她光着脚穿了一双破鞋，披着破烂的短黑皮袄，一顶沾血的皮帽下边，露出一绺微黄的头发。她的左腿用破布条捆着，微微抖动着。

“他们没有给你包扎伤口吗？这些混蛋！”林宽重皱着眉，做出关心的样子，“我马上送你到医院去！”

赵一曼紧闭着嘴唇，用右腿支持着全身的重量。她的嗓子被西村掐哑了，几天都不能说话。现在她看到林宽重那副模样，觉得好笑，别小看那个跟他身材不大相称的大脑袋，倒真装着些鬼点子。忽然她觉得这个脑袋，很像她小时看元宵节闹灯的大头和尚。

“你倒是个很好的演员哪！”赵一曼出其不意地说。

林大头愣了一下，猜不透话中含意。可是他为赵一曼开口说话而得意起来。

“我是说真话，不是演戏！”林大头又踱起来，想把话引入正题，“我真不明白，你们中国人为什么要抗日？”

“那么，你明白你们为什么要侵略中国吗？”赵一曼反问一句，她想尽快结束这场乏味的谈话。

林大头突然狂笑起来，好像对这样的回答很感兴趣。

“这是一场悲剧，”林大头终于坐到转椅上，“结束得越早越好！为什么你不出来尽些力量呢？如果中国都是由你们这样能干的人治理，也就用不着我们帮忙了……”

“强盗逻辑！”赵一曼意识到这个对手比她设想的要狡猾得多，“匪徒破门而入，却责怪主人：你们的屋子太乱了！”

“那么，你告诉我，”林大头装作没听见，他习惯按自己的思路，同别人探讨问题，“你们的部队为什么要开到松花江下游呢，哈东地区不是更好吗？”

“上游下游都有水，”赵一曼嘲弄说，“你要有兴趣，不妨去松花江游一游！”

“你真会开玩笑。”林大头板起脸，“难道你不关心他们的命运吗？你应该挽救他们，叫他们回来！……”

“你挽救不了自己，就别玩水。”

林宽重猛地来了个转身，像只饿狼那样，盯着对手。赵一曼想，他就要发作了，也挑衅地盯着这个狡猾的特务。

这样过了好一会儿，林大头终于冷冷地说：

“你该知道，你现在是在什么地方！”

“这是我们的国土，我们是主人！”

“请原谅。”林大头狞笑了一下，“我是有耐性的，恐怕你的同胞就不这样了！如果你想精神好点再谈，我可以等待。”

“我准备好了！”

林大头猛地拉开门，喝了一声。两个特务把她拖了出去。

这是一间阴森的地下室。赵一曼还来不及看一看有些什么刑具，她的双手已被细钢丝绳吊了起来。一个瘦得皮包骨头的汉奸特务，拿着一根牛皮鞭，挽挽袖子走了过来：

“他妈的！你胆子不小，还敢到这里碰运气！先告诉你，我叫吴树桂！你到阎王爷那里问个好，我是他兄弟！”

赵一曼闭上眼睛，忍受着拷打。一下，两下，她感到肉一块块地撕裂了，可是她没有叫唤。凶手们又用竹签戳她的伤口，鲜血滴了一地。一阵绞痛，她晕死过去。

特务们把她放到地上，泼了两盆冷水。

这个顽强的生命又活过来了。

现在就是鞭打，也不能使她感到痛楚了。特务们把她架起来，捆在十字架上。还是那个特务，拿过一把竹签，朝她的指甲里钉进去，那竹签钉进去，就裂开了，再拔出来，就带出一串血肉……

钉过两根，赵一曼又昏死了过去。可是她心里却响着一个顽强的声音：就是粉身碎骨，也不能泄露机密，不能背叛自己的党，自己的事业！

“他妈的，简直是块铁！”残忍的匪徒吴树桂甩掉那把竹签，也打哆嗦了。

就在这沉寂的片刻，林大头在门口出现了。

“笨蛋！”他焦躁地斥骂着，“把她弄死了，就要你的命！快解下来，给我抬出去！”

寒冷的黑暗的夜，已快近黎明了。一辆黑色的马车，在冰冻的马路上驰了过去，一阵冷风，扬起一团团碎雪。

二

清晨，喇嘛台又响起清脆的钟声。钟声是这样的遥远，又这样的熟悉。赵一曼想不起在哪里听到过这悠扬悦耳的音乐。她好像置身在幻境里，乘着雪白的云团，在天上飞翔。一个白衣小天使，笑着向她招手。她睁开了浮肿的眼睛。

“这是什么地方？”她看着身上盖着白被，疑惑起来了。想坐起来看看，可是动不了。

“这是医院，市立医院！”穿白衣的姑娘连忙走过来，那双水汪汪的大眼睛，闪着快活的光亮。

赵一曼用鼻子嗅了嗅，有股药味，确实是在医院里。她心里猛烈地震动了一下，完全清醒了。这又是敌人的诡计。敌人暂时还不叫她死，还想在她身上得到一些什么，“我们等着瞧吧！”赵一曼想。忽然她对周围的一切都有了敌意。这屋子，这软软的床，甚至这穿白衣的小姑娘，都使她厌恶。

“去，去，我不需要你！”赵一曼激怒地喊着，“去告诉你们的主子，不要妄想了！我什么也不会说！……”

“我跟日本人不是一起的，”小姑娘连忙分辩着，“我是医院里的护士。我也恨日本人……”

一个四十来岁的医生推门进来了。他走近床前，摸了摸赵一曼的脉搏，又摘下听诊器听了听，显出满意的样子。这个瘦弱的妇女做过手术后，整整昏迷了五天，好多人说她活不成，医生也几乎失去信心。现在她第一次清醒过来了。“真顽强啊！”医生长长地吁了口气，赞许地点点头，把她的手轻轻塞进被窝里，随后又开了药方，向护士低声交代几句，就走了出去。

“这个日本人对你说什么？”赵一曼严峻地问道，好像审问罪犯似的。她始终怀着戒备的心情，注视着医生的每个动作。

“他不是日本人！”小姑娘急得要哭，“他是张医生，请你相信我，我们都是好人，不会害你。他刚才嘱咐我，你需要安静。现在请你吃药吧！”

小姑娘递过一包药面。赵一曼看也不看，就扔到地上。

“我不要！叫鬼子快些杀我吧！指望我投降，算他们瞎了眼！”

“为什么你老想死呢！”小姑娘忧愁地说，“我们都盼望你活着！好好地活着！”

“你们都是谁呢？”赵一曼好奇地问道。

“我，张医生，还有跟我们一样的人！”小姑娘认真地说。

赵一曼微笑了。从这个小姑娘的眼睛里，可以看出真诚的期待和一种掩饰不住的悲哀，这一双无邪的眼睛是不会骗人的。她对这个小姑娘突然有了好感，因此在第二次求她吃药的时候，她没有拒绝。

这个小护士名叫韩勇义，今年才十七岁。她是跟着后母长大的，从来也没有享受过父母的慈爱。前两年，舅父把她送进了这所医院。在这里她也没得到任何温暖。一天到晚，只是扫地，倒痰盂，擦地板，侍候病人，受人斥骂。生活就像白水一样平淡。她一生中最有趣的事，就是在花园里跟女伴们比谁的手绢好看。可是忽然——就像传奇故事中常有的那样，一个游击队的女英雄闯进了她的生活圈子，生活呆板的节拍被扰乱了。这就是报上说的那个骑白马，挎双枪，驰驱在山林草莽间的英雄！从赵一曼进医院那天起，她就在编故事。只是她不知道自己扮演什么角色。

晚上，她照护着赵一曼服了药，还不想走，她很想知道更多的事。

“你就是报上登的那个赵一曼吗？”她托着药盘，站在床边问道。

“就算是吧，怎样呢?”

“唉，一想起来，心就怦怦跳!”小韩趁势坐到凳子上，“你被抬进医院那天，简直是个血人，真可怕！你怎么受得了呢?”

“如果受不了，那就更可怕了!”

“鬼子要杀你吗?”

“比这还要坏!”她看小韩莫名其妙的样子，又接着说，“死并不可怕！可怕的倒是背叛了自己的信仰。你明白吗?”

小韩不完全懂得这些话的意思。本来还想再问几句，又怕妨害她休息，只得托着药盘离开了病室。在她的想象中，赵一曼变得无比高大，自己显得更加渺小，于是她伤心起来了。

渐渐地，她俩之间产生了一种最朴素的友谊，常背着看守说些亲热的话。赵一曼背上都被打烂了，不能转动。喝水、吃饭，都是小韩一匙一匙地喂。赵一曼是真心地感激她，不知怎样待她才好。而小韩呢，事情做完了，也不肯离开，总要找个借口多待一会儿，听赵一曼讲怎样打仗，怎样宿营，怎样在大树林里捉小鹿，捉狍子，打野猪……赵一曼跟她谈话，态度总是很认真，一点不像哄孩子。这使她很满意。不过，她也觉得自己怪可怜的，什么也没见过。因此她对赵一曼也就有了更多的尊敬。她看见赵一曼脸上渐渐有了血色，渐渐能坐起来，心里有说不出的高兴。于是，她暗地里把赵一曼早先穿的衣裳拆洗干净，补得整整齐齐。她相信有一天，赵一曼会逃脱敌人的牢笼，跨上骏马，转战在山林草莽之间。

“那我该怎么办呢？”这个想法叫小姑娘自己也吓了一跳。她已经不知不觉地把自己的命运跟另一个人联到一起了。然而她又有些惘然。她自幼关在这狭窄的笼里，连方向也分辨不清，更不曾想过有一天会展开翅膀，去经受风雨。当她对自己都没有信心的时候，对生活是不敢有什么奢望的。现在她对自己提出这个问题，不知如何回答了。

一个雪夜，小韩坐在床边上，听赵一曼讲话。夜已深了。走廊上的钟，敲了十二下，小韩也忍不住打着哈欠，可是，她还不想去睡。忽然，她像想起了什么，睁大了眼睛问道：“你从小就这样勇敢吗？”

“不，”赵一曼摇了摇头，“我小时候最好哭了，像你这么大，我一个人还不敢走远路，见了生人还得躲起来……”

“真的？”小韩惊奇了，一个娇生惯养的女孩子会成为英雄，这中间怎么能联系起来呢？“你不是骗我？”

“你看我会骗人吗？”赵一曼笑着反问道。同时心里想：二十年前，她也没料想到会走怎样的一条生活道路，那时她不过是父母的任性的幺女儿。她对生活并不苛求什么，只要有温情和抚爱，也就满足了。可是，忽然有一个人把她闭塞的心灵打开了，她开始认识了这个世界，并且被引到争取美好生活的斗争中，也第一次把自己的命运和别人联结起来。生活对于她再不是慈母的催眠曲，再不是朋友间的轻声絮语，而是火热的斗争。她毫不吝惜地献出了自己，甚至抛弃了丈夫，抛弃了儿子，走遍了大半个中国。她自己明白这条路是怎样走过来的。这里有痛苦，有牺牲，甚至也有胆怯的眼泪。但是她没有后退。因为她相信自己所献身的事业是伟大的事业。每一次挫折，都使她变得更深沉，更敏锐，也更坚定。这是一个复杂的过程，用三言两语怎么能给这个不懂世事的小姑娘说清楚呢。

“我真不懂，你为什么要老远地离开家乡，”小韩困惑地说，“后娘老打我，可我还是舍不得离开这个家。舅舅领我进医院那天，我大哭了一场。天天想家。她怎么不好，总是亲人哪！”

赵一曼对这个小姑娘的善良也感到惊奇了。可是仔细一想，她最初离开家，不也是这样吗？她正想说一说自己所经历的这些变化，忽然守在病房门外的警察进来了，看来有什么话要说。小韩恼恨地看了他一眼，匆忙地起身走了。赵一曼打个哈欠，闭上眼睛。看守懊丧地退了出去。

很久很久，赵一曼不能入睡。这一夜的谈话把她的心绪扰乱了。一个人可以把自己最隐秘的感情带进坟墓，如果没有人引起，她也许就完全遗忘了。赵一曼从来没有这样强烈地思念过家乡。“他们都还活着吗？”在冥想中，一个高大的满脸黑胡子的人突然出现在眼前。那是大姐夫。这几年来，她始终是用一种近似神圣的感情怀念着这个人。她不知道，早在她当卷烟女工的时候，正担任四川省委书记的大姐夫已经被国民党反革命杀害了。他死在重庆的监狱里，敌人对准他的胸口开了两枪，他倒在地上，又撑起来，高呼着："共产党万岁!"直到鲜血涌出喉咙……

赵一曼听听外面，风在呼啸。看守在门口踱来踱去，不住地叹息。赵一曼烦躁起来，拉上被子蒙住了头。

天什么时候亮呢？这五十年前还是荒凉渔村的城市，好像被黑暗吞没了。

第二天，整天飘着大雪。小韩没有露面。赵一曼有些头晕，又有些不安，不知道小韩出了什么事。

黄昏时，小韩来了。她那张圆脸变尖了。眼睛也有些红肿。

"你怎么啦?"赵一曼问道，"不舒服吗?"

"我的命好苦啊!"小韩说着两手捂着脸，嘤嘤地哭了。

赵一曼费了好大劲才弄明白发生了什么事。她的未婚夫——哈尔滨工大的一个学生在今天早晨病死了。

"老天爷太残忍了，叫我一个人活着有什么意思。"

"不，不能这样说，"赵一曼把她拉到怀里，"活着很有意思，只是死的太可惜了。你还年轻，应该珍惜自己。一个人的幸福是不会丢掉的！只要我们的国家获得自由，我们就会有幸福的日子！你说不是吗?"

小韩点点头。在这样的时候，能有一个人同情她，安慰她，这使她心里多少轻松了些。

三

转眼到了四月。天气变化无常，忽阴忽晴，忽雨忽雪，刚刚还有明朗的阳光，忽然空中又聚结起灰色的云团，冷雨夹着碎雪。赵一曼的伤势也是这样，有几天，她能整天坐着读报，有几天她又疼得无法忍受。就在这一起一伏的状态中，伤口封住了，打断的腿也长出了柔软的骨头。只是医生还不让她下地。

这些日子，特务们隔几天也来看看。林大头显得很有耐性，一次也没有提起有关抗联的事情。有时候还提来一篮水果，或是一盒点心。赵一曼只当没看见。特务们一走，她就让小韩把这些“礼物”扔到门外去。

随着伤势的好转，赵一曼预感到一场激烈的战斗就要开始。早先她只想到死，现在她却想着斗争。她并不指望出现奇迹，一切化险为夷。这是不可能的。敌人就在对面，她所在的地方就是她的阵地。她一定狠狠打击敌人！叫他们知道，共产党既不能软化，也不怕威逼。

特务们来的次数更多了，并且在病房里进行审讯。赵一曼渐渐摸到了敌人的规律：他们发现抗联有什么活动，就要来做无尽无休的盘问。赵一曼从敌人嘴里知道自己的同志还在战斗，心里暗暗高兴。可是敌人从她那里却什么也得不到。特务们来一次，就打她一次。赵一曼心想：你们打吧，反正你们倒霉了！

一天夜晚，赵一曼正和小韩说话，忽然听见看守咳了一声，又高声说：“吴巡官来啦！”接着吴树桂进来了。小韩一见他，脸色就变得苍白。连忙装作收拾床铺的样子。

“你又来啦！”赵一曼无所谓地说。

“我又打人来啰！”吴树桂一边脱着黑呢大衣，一边得意地说。“戏院刚散戏，随便来转转，我是一天不打人就手痒。老实说，我就这个毛病，不然，我就是圣人了！”

“这也算毛病吗？”赵一曼挖苦地说，“狗不咬人，就不是好狗！照我看，你是日本人的一条好狗！”

“骂吧！有你受的！你也不打听一下，我是什么人！”吴树桂恼羞成怒，吼叫道，“我的外号叫活阎王，活阎王！”

“禽兽！”赵一曼冷笑着说。

吴树桂猛地跳起来，把被子摔到地下，抽出腰上的竹箭，照着赵一曼左膝盖的伤口狠狠击了一下，顿时鲜血浸出了绷带。小韩吓得缩作一团，哭不出声来。

“快说，你们部队到哪里去了？”

“怎么？你们又吃了苦头？”赵一曼用一只手撑着坐起来，“可惜你这个丧尽天良的狗汉奸没落在他们手里！你去试试，连三岁小孩都会剥你的皮！”

房门砰一声被踢开了。林大头气呼呼地闯了进来，在他后边还跟着三四个“警察厅”的日本特务。几个人一下子把房间塞满了。林大头看看赵一曼，对吴树桂骂道：“你又得罪了赵女士？滚！”

随后，他又做了个手势，叫小韩、看守出去。

“对不起，”林大头一边关上门，一边走到赵一曼的床边，做出一副恭敬的样子说，“我没想到我的下级对你这样无礼，这是我管教不严，我向你致歉!”说着真的鞠了一躬。

赵一曼看出敌人在玩一打一拉的把戏，她冷笑了一声。

“我们日本人是敬佩英雄的!”林大头说，“我的同事们也想来看看你。这是警厅司法科长增田，这是特务科长鹿井，这是巡官千叶……”

赵一曼听见几只皮靴后跟挨着次序叭叭响了一阵。她微微睁开眼睛，这几个人看起来都是一个模样，一个表情。她对这些人的职务并没有兴趣。只是一看摆开这样的阵势，她猜到敌人是决心要从她这里得到一些什么了。她心里即刻涌上战斗临近的感觉。

林大头叫看守搬来几把椅子，这四个人分坐在病床两边。赵一曼镇定了一下，准备迎击。

“我们随便谈谈，”林大头干笑了两声，想缓和一下空气，“我们已经介绍过了，那么也请赵女士介绍一下吧？听说赵女士原来姓李？……”

“是的。我叫李映辉*!”

林大头并不认真去追究她的真实姓名。这是不重要的，因为赵一曼就是最真实的存在。

“听你的口音，也不是本地人。你的家在什么地方？”

“四川眉州。”赵一曼信口应道。在家乡的时候，她和姐姐们遇到不如意的事，就说是“走眉州”，意思是说倒霉了。现在

---

* 档案中记载：赵一曼原名李映辉。其实李映辉是赵一曼父亲的名字。

无意间说出的这句话，跟她的处境这样贴切，使她觉得好笑。

“赵女士在哈尔滨还有朋友吗？”特务科长鹿井插进来问，“我想，他们也很关心赵女士。”

“我没有来过哈尔滨。”赵一曼冷冷地说。

“不，赵女士太健忘了！”司法科长增田提醒说，“你的丈夫曹先生，就是在哈尔滨故去的。”

“诸位！”巡官千叶补充说，“当时赵政委已经不在哈尔滨，在珠河抗日救国会当妇女部长……”

林宽重神气活现地瞟了赵一曼一眼，好像是说：你的一切我们了如指掌，你说不说都无关紧要。但是赵一曼心如铁石，脸上没有一点表情。

“我真奇怪，一个女人为什么要去打仗！”林大头换了话头，“照我看来，最适合的倒是做个教员，医生，或者律师。赵女士，你这样想过吗？”

“想过！”赵一曼答道，“我天天想，把你们赶出中国以后，就到乡下去做个教员！”

林大头皱了一下眉，但是他不愿退却。

“你是个梦想家。可是更重要的却是现实！”林宽重自负地说，显然很欣赏自己的措辞，“这都不谈了，我们今天来，是要向你请教……”

林宽重从皮包里掏出一幅地图，铺在赵一曼面前，用手指点说：

“这里，密山，是你们第四军；这里，镜泊湖，第五军；这里，汤原，第六军；还有你们第三军，都到松花江下游集中了！你估计，他们会越过国境线，到苏联去吗？”

赵一曼警觉起来，预料到这就是问题的焦点。林大头一直不肯正面接触，唯恐谈话不能继续下去。他故意东拉西扯，要把对手引入五里雾中。他是带着目的来的。“讨伐”队今天来电报说，他们跟踪数月的抗联部队忽然失踪了。讨伐队进入森林找不到向导，迷了路，出不来，饿死几百人。林宽重猜想赵一曼一定知道抗联部队的动向，因此他来的时候就下了决心，无论如何要从这里得到线索。是的，赵一曼的确知道部队到哪里去了，如果她不被捕，现在也许正跟随部队在翻越雪齐腰深的小兴安岭，西进嫩江平原，从北边威胁哈尔滨。

但是赵一曼闭上眼睛，推开地图说：

“我看不懂这玩意儿！”

林大头大失所望，但仍不死心：

“你估计一下，他们会不会越境？”

“我不会算命。”

“你放聪明些！”林大头威胁说，“你的性命，捏在我手心里。丢掉那些胡思乱想吧！我说话算话。我说送你进医院，就送你进医院，我说放你就放你，只要你不再进行反日活动，你愿意去哪里就去哪里，愿意做什么就做什么。”

“中国人民永远不会饶过你们！”赵一曼喊道。她想：要来的就让它快来吧。她对这种谈话早就厌倦了。“我们一定会胜利！我恨你们，我要杀你们，杀得光光的！一个不留！”

“狂人！”林宽重狂笑了一声，随即在房里快步地走来走去。他希望保持的和谐气氛一下子全被破坏了，这使他非常懊恼！

天亮了，林大头留两个特务继续审讯。赵一曼突然意识到，敌人是在进行“疲劳审讯”。她想，一定得集中精力，来应付狡猾的敌人，不能因为一时疏忽，给党带来损失。

这两个人问的要直截了当得多，比方：哈东地方组织系统，怎样联络指挥，赵一曼不是说“不知道”，就是说“忘了”。后来，她就闭上眼睛，装作没听见，不说话。晌午又换了两个人，还是这一套。敌人不给她水喝，也不许护士给她送药。由于流血过多，她感到头昏脑涨，唇干舌焦，脸色由苍白变得焦黄。

黄昏降临了。远处送来晚祷的钟声。林大头气势汹汹地闯了进来。他一进屋，就感到审讯并没有什么进展。

“这场谈话该结束了！”他不耐烦地说。显然已经失去最后的耐性。“我们用不着再捉迷藏了！我只问你一句话：你是要死还是要活？”

赵一曼猛地坐了起来，眼里闪着挑衅的光芒。决战的时刻来到了！

“你早这样问，就不白费时间了！”她用干燥的舌尖舔了一下火热的嘴唇，同时用手指着心口：“最可靠的回答都藏在这里，你们挖出来看吧！”

林大头像一头野兽扑了上去，他一把揪住赵一曼的头发，把她拖到地板上，用靴尖乱踢。屋里的小桌、椅子都被打翻了。赵一曼紧紧拖着这个匪徒的手腕，狠狠咬了一口。

林大头一声嗥叫，蹦了起来，照她腹部一脚，赵一曼两手一松，晕了过去。

可是她心里明白，她坚守的防线没有被敌人攻破。

匪徒们又一次溃退了。

四

站在房门外边的小韩，听见厮打的声音，真急坏了。好像一脚一脚都踢在她的身上。她敲了敲门，又从锁孔往里张望，不知如何是好！她一转身，看见吴树桂在过道里悠闲地抽着纸烟，就哀告道："吴巡官，请你去求个情！她的伤还没好！"

"这小妞子心坏了！"吴树桂恶狠狠地瞪着一双通红的眼睛，好像饿狼一样，要把她吞掉。

小韩心里哆嗦了一下，完全绝望了。她慌乱地拧着门上的把手，突然，门猛地拉开了，她踉跄地被带了进去，扑倒在地下。

匪徒们叫骂着走了。小韩爬了两步，去扶起赵一曼。她摸摸胸口，还在跳动。凭着当护士的经验，她知道这是"假死"，需要急救。她看见那个叫董宪勋的看守在门口张望，就下命令式地说："还看什么！过来，把她抬到床上去！"

他们把赵一曼放在床上，整理了一下踩踏的被子，盖在她身上，这时，张医生来了。

“你们就干这些事?”他一边掏出听诊器，一边对看守斥责道，“我们把她治好，你们又来毁她。既然这样，不如把她杀了！……”

“这不关我的事。”董宪勋支吾着，退了出去。同时心里咒骂着自己没有骨气。他像被人抽去了筋一样，歪斜着倒在椅子上。

当夜，医生又重新给伤口敷药。赵一曼全身被踢青了，头发被整绺地揪掉了，脸上留有烟头烙烫的印迹，起了紫泡。但是，她没有死！在那伤痕斑斑的胸膛里面，一颗顽强的心脏，像发动机似的勃勃跳动着。

整个晚上，韩勇义忙得不曾落脚。她给赵一曼换了干净的衣服、被褥，给她梳头，做热敷。她从来没受过这样的震动，可是焦急过后，她反而变得镇静了。是的，她从赵一曼身上，看到了另一种人生：庄严、神圣，对自己的事业充满崇高的信念。这一切使人升到光辉的顶点，就连她自己也被照亮了。

时间一天天过去了。

赵一曼从不计算过了多少日子。听见檐前的滴水声，她才惊异地想：难道春天来了吗?是的，春天来了。尽管北方的冬天是这样漫长，春天毕竟还是要来的。

清早，小韩连蹦带跳跑进了病室。她藏在背后的手，突然伸到一曼跟前。

"你看，这是什么？"

"桃花！"赵一曼愉快地叫了起来。

是的，地面上还覆着冰雪，可是桃花已经绽开了。她们忙乱着把花插在瓶里。赵一曼凝望着花蕾，脸色渐渐暗淡了。她想起了同志们。春天来了，冰雪就要融化了，他们该怎样生活呢？他们怎样战胜荒原上的烂泥，怎样涉过塔头草地带，怎样忍受森林里的潮霉，怎样从齐腰深的腐朽的落叶上通过，又将怎样防御有毒的蚊虻呢？是的，他们将要忍受比她更胜百倍的困难。但是她没有对他们失去信心，正如她没有对自己失去信心。

"你在想什么哪？"小韩问道。

"我在想同志们，"赵一曼由冥想中醒了过来，"春天到了，他们的处境要一天比一天困难了。"

小韩发现每逢提起自己的同志，赵一曼就有一种特殊的温存，特殊的关切。这个小姑娘甚至感到一些嫉妒了。

"他们都跟你一样好吗？"

"你在说傻话，"赵一曼笑了，"一个人可以离开自己的爱人，离开自己的家庭，可是不能离开自己的同志……我怎么向你解释好呢？因为这些人都在为共同的事业战斗，你走的再远，也跟他们心连心！几年以前，我还住在南方，有天晚上，国民党来抓我们。跟我一起工作的一个同志本来已经逃脱了，可是为了帮助我逃走，他又落到敌人手里。结果我逃了出来，他却被敌人杀了。你说，这样的人是不是比我好呢？”

小韩听着，从心底感到羡慕。她想：生活在这样的人中间是幸福的。同时她又可怜起自己来，在她这短短的一生中，竟没有一个可以信赖的朋友。

“唉！我能跟你们一样该多好！”小韩惋惜地说。忽然她心里涌起一阵冲动，她往前挪了一下身子，凑在赵一曼耳边小声地说：“我们逃跑吧，去找你的同志！”

“这又是傻话！”赵一曼摆了一下手，“如果走不成呢？”

“跑不成也得跑！”小韩固执地说，“总比等死好！”

“这事不能冒失，还得想想看！”赵一曼说。因为叫敌人捉回来，对她虽没有损失，却会连累小韩，那代价就太大了。

然而，小韩并没有认真去考虑赵一曼的话。她这个看来天真的念头并不是偶然产生的。以前她天天盼着赵一曼快快好，快快出去；可是每当伤势好转，特务们就来审讯她的时候，她又默默祷念着伤势最好再恶化一些。自从赵一曼受到毒打以后，她越来越觉得逃走是挽救赵一曼生命唯一的办法。

在她细心地照料下，赵一曼的伤势渐渐好转，特务们又在病房里出出进进。小韩生怕她再吃苦头，每次都是费尽心思去支应。不是说伤口要恶化，就是说刚吃过安眠药，喊不醒。特务们也不深究，看看就走了。小韩暗暗地高兴，她想：只要再不生什么波折，事情就好办了。

六月的晚上，窗外下着暴雨。豆粒大的雨点，噼噼啪啪敲击着病室的玻璃窗。风声，雨声，淹没了一切。突然，夜班看守董宪勋满身湿淋淋地闯了进来。

“日本人要处决你了！”他神色慌张地说，“刚才詹翻译叫我们好好看守你，就在这两天……”

赵一曼望着窗外的暴风雨，没有说话。她在思索看守的举动有什么用意。可是小韩却沉不住气了，抱着赵一曼大哭。

“这没什么，我早准备好了！”赵一曼抚着小韩的头发，平静地说，“死并不可怕！”

“不，不，”董宪勋急切地说，“你得想法逃走！……”

“什么逃走！”赵一曼严厉地说，“想试探我吗？”

“不，不，”董宪勋往前走了一步，两手揪着胸前的衣服，好像要把心掏出来的样子。

“请相信我，我是诚心想帮助你。你们以前谈的话，我都听见了。我也是个中国人……”

“你是好人！”小韩跳过去，紧紧抓着他。她很后悔当初没有跟他商量，他几次和她说话，她都推脱过去了。谁知道他也有这个心思呢。“我们马上走，马上走！”

赵一曼望着这个青年惶惑不安的表情，心上的疑云散开了。她原也有逃走的意思，只是不知道怎样处置门前的看守。现在这一道障碍扫除了，条件就完全成熟了。

“听我说，”赵一曼把他俩招到跟前，“不要慌张。要逃走，就得做好准备。这样仓促是不行的！”

小韩很快地冷静下来，坐在床沿听赵一曼讲逃走的办法，奔赴的方向。后来，她脱下指上的戒指，交给董宪勋，叫他拿去卖掉，给赵一曼买一身普通的衣服。

“我看还得雇辆小汽车，”董宪勋说，“我有个叔父住在阿城，我们先逃到那里去！”

“那你去办吧！”小韩突然显出决断的样子，“钱要不够，我再去卖被子……”

赵一曼看着这两个年轻人，心里一热。她好久以来，都不曾当着人流露自己内心的感情，现在忍不住把小韩拉到跟前，亲了亲她的额角。

五

第二天，忽雨忽晴，天气闷热。小韩脸上特别严肃，出出进进，都是不声不响。她一会儿锁上门，一会儿又打开，生怕特务们会出其不意地把赵一曼劫走。赵一曼心里也很烦躁，当前面燃起希望的火花的时候，生活对她竟有一种不可抗拒的诱惑力了。

夜晚，又下起了滂沱大雨。马路上流着混浊的雨水，没有一个行人。路灯忽明忽暗。一辆黑色小汽车，悄悄地开到医院的栅栏外。

十一点。韩勇义帮着赵一曼换上了一件半旧的浅色旗袍。

她们没有说一句话，由于过分紧张，小韩的手有些哆嗦。赵一曼穿好鞋子，扶着床沿站了起来。她的腿发软，迈不动步，而且左膝的伤口还没有封住，她几乎是靠小韩背着，才走完那一道长廊。在门口，由董宪勋接着，把她背下了石阶。这时韩勇义忽然想起一件事，转回去锁上了房门，把钥匙顺手扔在花丛里。

院子里很黑。赵一曼被两人搀着穿过一条林荫小路。韩勇义跑到前边去，拔掉了三块木栅栏，三个人钻了出去，回身又把木板插好。这一切都做得迅速而又准确。她在白天已经看好了通路，栅栏上的钉子也是白天拔掉的。

他们走了百十步，上了汽车。

急雨啪啪敲打着车篷，车轮沙沙地驰过平整的石头街道，带起一溜水花。在黑暗中，他们谁也看不清谁的脸。可是赵一曼能听到这两个年轻人急促的呼吸。

“快点，快点!”小韩焦急地催促着。

赵一曼拉了一把，叫她坐下。同时轻轻用指头敲着她的手背，好像是按着车轮的转动在打拍子。果然这种悠闲的情绪感染了小韩。她舒了口气，脸贴着赵一曼的肩膀，不作声了。

忽然，汽车嘎一声停下了，小韩又被弹了起来。前边的横道木放下了，一列火车轰隆隆疾驰而过。

现在，他们已经来到郊外。越往前走，汽车颠簸得越凶。大雨把道路冲坏了，一个坑连一个坑。汽车两边的玻璃都溅满了泥巴。司机一边咕噜着，一边艰难地转动着方向盘。董宪勋又不许开车灯，他只能借着闪电的光亮，辨认着道路。

一个响雷就在头顶爆炸了，小韩惊叫了一声，两手堵着耳朵，躲在一曼怀里。

车子不动了。

这里就是阿什河，离哈尔滨只有三十里。河上的石桥，被洪水冲断了。

赵一曼钻出了车厢，只听见一片奔腾的水声，借着闪电光，见眼前全是浪涛汹涌的洪水，也不知河面有多宽，水面上隐隐约约露出被冲塌的石桥。开车的白俄伸手要钱，小韩拿出八块银元交给他。车夫关上车门，调转车头跑了。

“我去雇抬小轿的，”董宪勋敞开嗓门喊道，“你们在这里等着，我马上就来！”

小韩扶着赵一曼坐在桥头。她们的衣服早湿透了。不住地打战。直到现在，小韩才想起做错一件大事：忘了带雨伞。

“这可不是走亲戚哪！”赵一曼喊着说，她一开口，雨水就灌进了嘴里，“我们逃出来了，这是最重要的！可是你不想想，你把钥匙扔掉，他们怎么开门呢？”

“那就叫他们着急去吧！”小韩也喊着说。听见赵一曼的话，她的心情轻松了起来。同时她也感到了冒险的快乐。而且她很快就嘲笑起自己的幼稚。

不知过了多久，她们才隐隐看见有人打着手电筒，朝这边走来。董宪勋总算雇到两乘小轿。

然而过河不远，他们就迷路了。遍地是水。不知怎么一来，轿夫们走进柳塘里了，转来转去，走不出去。董宪勋走在小轿旁边，打开电筒引路，可是那昏暗的光亮，还照不到五步远。只见前后左右，水面上全是一人多深的柳条。轿子里也进了水，走不动了。轿夫们互相埋怨着，都说遇上了鬼。

幸好雨早停了，空中出现了明亮的星星。他们根据星位，深一脚浅一脚地朝东北方向走。突然，前边的轿夫往下一沉，掉到坑里了。赵一曼往前一扑，颠了出来。她紧紧抓着轿杆，才没有喝水。

后边的小韩也下了轿子。把两乘空轿交两轿夫抬着，另外两个轿夫轮流背着赵一曼。遇着水深的地方，就搀着走。小韩紧紧跟在后边。

他们好容易才走出了柳塘，可是水还有齐腿根那么深。赵一曼的伤口在水里泡得胀痛。现在连她自己也说不出是一种什么心情。这十年来，她经历过许许多多恐怖的夜晚，都没有这样紧张过。现在，她只盼望快些见到陆地，能坐下喘口气。

忽然，她听见了四野的蛙鸣。此起彼伏，此呼彼应，一阵紧似一阵。整个空间都充满了这悦耳的声音。听见这自然界的歌唱，她心情松快起来。就在这一刻，她忘记了伤痛，呼吸也不像先前那样艰难了。

天渐渐发青了，星星渐渐隐没了。他们看到了玉茭地。那些被暴风雨吓晕了的麻雀，现在也苏醒过来了。叽叽喳喳吵闹不休，好像在庆幸自己平安地度过了这一场灾难。

“还很远吗？”赵一曼问。

“不远，过这个土岗就是。”董宪勋答道。

“那么，我们就走去吧。”

他们付了钱，打发轿夫走了。赵一曼扶着小韩的肩头，一瘸一拐地走着。董宪勋怕她跌倒，赶忙搀着她。她脸上没一点疲倦的样子。最困难的时刻已经过去了。现在一切都变得很简单。

“空气真新鲜！”赵一曼望着两边绿得发亮的玉茭林，深深吸了口气，“你们喜欢吗？”

“喜欢！”

“明天我们就到家了！”赵一曼愉快地说，“得好好睡上三天！”

“我可不困！”小韩接着说，“我要好好玩三天，把什么全看看！”

在太阳还没露头的时候，他们到了金家窝堡。

六

一场骚乱在警察厅开始了。

早晨，日班看守去换岗，不见了董宪勋。去推门，门也锁着，窗户上挂着白布帘。他打破一块玻璃，钻了进去，屋子已经空了。

林宽重一得到报告，急得直跳脚。吩咐马上召开紧急会议。那些住在外边的特务，有的还没有出被窝，有的刚端上早点，都被叫来了。林宽重像发了疯，见一个骂一个，好像这一场祸事都是他们引起的。

在另一个屋里，吴树桂一个接一个地拨着电话，通知各个警察所封锁通往郊区的道路。接着，四十多个特务分成两路出发了，有骑马的，有坐摩托车的，一路奔香坊，一路奔三棵树。他们搜查了所有见到的篷车、斗子车，连粪车、垃圾车，都不放过。可是，整个上午过去了，特务们没有发现任何线索。

这时候，赵一曼正和同伴坐在董老汉家的炕席上，喝着香甜的高粱米粥。因为白天路上人多，又有卡子，他们不敢走，只得等天黑上路。他们已经把衣服烤干了，鞋子也刷洗了。小韩给赵一曼的伤口换了药，扎上崭新的绷带。这个细心的姑娘，就是在那样匆忙的情况下出走，也没有忘记自己值得夸耀的职务。

这家的主人董老汉是董宪勋的叔父，十多年前，他带着哥哥留下的这个孤儿，从山东老家逃荒到关外，就在这里落了户。虽然穷苦，他还是供这个孤儿读了几年书。前两年，这一带住过抗日游击队，他也出过粮，应过差；想不到今天家里来的这位贵客，还是抗联的女首领！更想不到侄子也走上了正路，这使他很高兴。整整一天，他都在外边的场地劈柈子，瞭望动静，生怕走漏风声。

吃过晚饭，董老汉拿着旱烟管找老朋友老魏头去了。叫他套车送个亲戚去老山头。

“什么事这样急？要赶夜路？”老魏头是个精明人，他觉察到董老汉有什么事背着他了。

“我有个外甥媳妇得了急病，要回娘家去！”

“你明明骗人！你这孤鬼，老山头有你什么亲戚？”老魏头的拗劲一上来，就要打破砂锅问到底。“那里是块是非地，你不说明白，我可不敢去。”

董老汉没办法了。心想，既然托人办事，就得信赖他，只得照实说了。还答应给一车豆饼，算作报酬。

“一车太少了！”老魏头失望地说，“我这是拿性命去押宝啊！”

“你别不知足了！”董老汉生气地说，“真想不到，你是这样个人！”

“那你得多少？”老魏头挤挤眼睛。

“我？我不像你！”董老汉觉得受了莫大的侮辱，转身要走，“这又不是做买卖，用不着把利看得那么重！”

“这就是老哥的不对了！”老魏头拦住了他，“你落个见义勇为的美名，却叫我背个见利忘义的黑锅！这算什么朋友？”

董老汉乐得胡子直抖，连说自己不是。是的，他并没有看错这个赶大车的！

更深夜静的时候，一辆大车开到村外的柳树下。赶车的特地套了三匹马。赵一曼和同伴上了车，董老汉还送了半筐饽饽和几十个鸡蛋，做路上的干粮。

“老大爷，谢谢你的恩情！”赵一曼激动地说，“我们不会忘记的！”

“别说见外的话，只要早点打走鬼子，老百姓就有好日子过了！”董老汉说，“都指望你们了！”

鞭梢一响，大车动了。夜里有浓重的露水，明天会是晴天吗？

路很难走。他们怕遇见盘查，小心地避开大小村庄，绕了好多冤枉路。一夜只走了几十里，三匹马已经累得汗淋淋的了。

天亮，在一个小河沟里饮了马，喂了些草料，又向前走。赵一曼头有些晕，可是，她还勉强支撑着，警觉地注视着四周。庄稼犹如一片绿海，雨后新晴，几乎要滴下水来。

“你看，多大的蝴蝶！”赵一曼一边拉起小韩一边高兴地喊叫着。

“怎么，到了吗？”小韩揉了揉眼睛，茫然地问道。那只色彩斑斓的凤蝶，几乎扑到她的脸上。她的睡意顿时消失了。

“快了！”赵一曼曼声应道，随后就轻轻哼起一支歌。

晌午，他们来到王永许屯附近，再走二十里，就到安全地带了。赵一曼不住地探身望着远处的山峦，心也怦怦跳动着。恨不得快快走完这段路。赶车的猜到了这种心情，不住地甩着鞭子，大车摇晃着，向前飞奔。

忽然，后边响了两枪。敌人的马队追来了。小韩惊叫了一声，扎在赵一曼怀里，董宪勋浑身不住地颤抖。

“不要慌！”赵一曼威严地说，在这一刻，她的脸色变得这样坚决，“记着告诉你们的口供……我要带你们两个到乡下去结婚……”

赶车的一看急了，用鞭根狠捅着马屁股。马儿喷着鼻息，向前狂奔，车子跳起来，又落下去。

又是两枪。紧跟着，两匹马从旁边地里冲到前边去，围着大车绕了个圈子。特务们跳下没备鞍子的马，用手枪对着赵一曼。

“杀死日本强盗！”赵一曼激昂地喊道。

林大头咬着牙根，用鞭子劈头盖脸地抽来，赵一曼不住地叫骂着。几个特务用绳子把她捆上了。又用手巾塞住了她的嘴巴。

昨天下午，特务机关盘查了市内所有的马车夫，黄包车夫，汽车夫。他们断定赵一曼不能行走。果然，那个白俄司机没有加一句威吓，就把事情全说出来了。

林大头当时就带着二十多个武装特务，乘着卡车追赶。阿什河上的万缘桥被冲断了，特务们就丢下卡车，在附近村里抢了二十多匹马，骑上又追。他们在金家窝堡清查了户口，发现老魏头不在家，套车出去了。特务们顾不得停留，又往前追。

林宽重灵敏的特务嗅觉没有欺骗他。所有的事实都证明他判断的准确。因此纵使遭到敌手这样可怕的戏弄，他仍然感到自负。

马车调转头，缓慢地行驶着。赶车的无精打采，说不出的懊恼。他赶了半辈子车，还没有做过这样丢脸的事。

“你这贼骨头，想挨揍吗?”吴树桂照他的背脊抽了一鞭子，“你怎么不快跑了?”

“唉哟，我的老天爷!”赶车的怪声怪气地叫喊着，“可打不得！这把老骨头敲碎就接不上了!”

“你还贫嘴!”吴树桂又抽了一下，“私通抗联，要砍脑袋!你等着吧!”

“好老爷哩，别吓唬我了！我要知道她是抗联，还能叫你捉住?”赶车的依然用不在乎的腔调说。可是接着就一边鞭打牲口，一边恶声恶气地咒骂起来：“你这畜牲！吃里爬外，不听使唤，我要剥你的皮，抽你的筋！……”

太阳落下去了。苍茫的暮色笼罩了田野。在群蛙鼓噪声中，笨重的车轮缓慢地滚动着……

七

赵一曼又被押解到伪满哈尔滨警察厅。

还是同样的屋子，同样的夜晚。而赵一曼胸膛里，还是那颗不变的忠心！她被绳索捆绑着，满脸全是一道道青紫的血痕。她坐在地上，注视着林宽重的每个动作。她神情庄严，表情不是绝望，更不是恐惧，而是充满坚定的信念。就是敌人，也不敢亵渎这种凛然不可侵犯的战士的尊严！

林宽重倒了杯开水，喝了两口。接着又点燃一支纸烟。

“没有逃脱吧？逃不掉的！”林大头自问自答。并且吐出一个烟圈，望着它向天花板升去。他还没有平静下来，但是外表上竭力显出并不急于谈话的悠闲样子。

“你们也逃不掉的！有一天，中国人民也会在这个地方审判你。”赵一曼喊道。现在她什么也不想了，她那张从不饶人的嘴，成了唯一的斗争武器。

“你放明白些！”林宽重声音有些嘶哑，“我是看重你的骨气，才不肯加害你。这不是软弱……”

他突然停下了，想听听赵一曼的回答。赵一曼嘴角露出轻蔑的微笑。她把林大头看透了，这个匪徒离开暴力就像蝎子掐掉了尾巴。

“过去的事不谈了，你要回头现在还不晚！”林大头往椅背上一仰，摆出胜利者的姿态，“我问你，你打算到什么地方去？”

“回部队去！”

“部队在什么地方？”

“在住的地方！”

“我们不谈军事机密！”林宽重立时显出宽宏大量的样子，他的语调却带着逼人的气势，“你不是想自由吗？那么，你写个声明，随后想去哪里就去哪里。你写吗？”

“我写！”赵一曼断然回答道。

特务们给她松开一只手，赵一曼接过纸笔，匆匆写下了“打倒日本帝国主义”几个大字。林宽重看着看着，从容的表情消失了。头上暴起了青筋，眼睛鼓了起来，由于狂怒，整个脸都变形了。他一把抓过那张纸，扯得粉碎。

“我要杀死你！我要杀死你！”他暴跳着喊道。

“你杀吧！”赵一曼挺起胸膛迎上去，“你们这些强盗，可以让整座村庄变成瓦砾，可以把人剁成肉泥，可是，你们消灭不了共产党员的信仰！消灭不了，消灭不了！……”

军刀闪了一下，朝赵一曼的肩头劈去，她倒下了。

又是一个过早的黎明降临了。远处响着钟声。赵一曼对这单调的宁静的钟声很反感。让那些灵魂上有罪的人去忏悔吧，用廉价的眼泪去乞求宽恕吧！她从没有指望侥幸获得什么东西，也没有想过要从生活里讨得什么报酬。

她扶着墙，慢慢地站起来。通过头顶那个狭小的窗口，她看到一块蓝得透明的天空——一个晴朗的日子。她计算了一下，今天该是七月一日——党的生日。于是她激动起来了。现在正是党处在困难的日子，她却不能再参加战斗了。但是作为一个战士，她已经尽到了自己的责任。她现在所能做到的，就是用自己的生命来抵挡敌人最后一次进攻，维护党的荣誉。她始终是党忠实的女儿。

一群麻雀叽叽喳喳从窗前飞了过去。她又想起了那两个年轻的同伴。他们被关在哪里？也受着敌人的拷打吗？那两个年轻人，一开始走上真理的道路，就遇到这样的挫折，不会懊悔吗？她感到遗憾，在这样的时候，不能跟他们在一起。他们原是需要她的保护，她的鼓励的。她不知道，董宪勋已受了重刑，死在监狱里。而韩勇义，被“押解”到伪法院，判了一年徒刑。

整整三天，匪徒们没有给她任何食物。赵一曼的右膀被刀背击断了，一只手耷拉着。敌人怕她逃走，还给她铐上几斤重的铁镣，这些胆怯的匪徒真是害怕了。

八月一日晚间，赵一曼被押解到珠河，还是关在最初关她的那间地牢里。看见这间地牢，她就想起了杨桂兰。那个女孩子在这里被押了半个月，叫哥哥嫂嫂领回去关了起来。赵一曼不知道敌人要玩什么鬼把戏。她也不愿去猜想。因为任何问题只有她自己才能解答。尽管饥饿使她一阵阵昏晕，她仍然集聚着精力，保持清醒。她在毒蚊的骚扰下，过了不安的一夜，就是这样，她也没有一声叹息，一声呻吟。

第二天早晨，她被拖出来，绑在一辆马车上。城里的豪绅们，要看看这个使他们闻名丧胆的女杰。他们原想庆贺一下，可是赵一曼威严犀利的目光，使他们不敢近前。周围都是武装军警，个个端着明亮的刺刀。西村和那个民族叛徒张福兴走近马车看了一眼。转身吆喝了一声，马车开动了，军队分成两排，把马车夹在当中，拥挤着出了大门。

马车在大街上行驶着，街道两边集聚着许多居民，沉默地

望着这个被捆绑着的妇女。赵一曼明白了，敌人是拿她示众，恐吓被统治的人民。于是她全身的血奔腾起来了。她舔了一下那干得冒血的嘴唇，激昂地唱着：

铁岭绝岩，林木丛生，
暴雨狂风，荒原水畔战马鸣。
团结赴国难，血染战旗红。
同志们！志坚哪怕路不平。

特务军警吆喝着，用枪托驱赶着挤近马车的群众。赵一曼激动地唱着，一个微笑掠过了她那苍白的然而美丽的脸。她不理睬敌人的斥骂，歌声在继续着：

起来哟，果敢冲锋！
逐日寇，复东北，天破晓，光华万丈涌！

歌声在人们的耳边回荡着，又飞向碧蓝的晴空。马车驶到小北门外，停下了。赵一曼望着东边，太阳刚刚爬出山头，血红的光芒照亮了她的脸，照亮了全身。她踉跄地走下马车，有两个特务要来架她，她摆脱了。她不愿让肮脏的手来玷污自己。

赵一曼向前走了两步，温柔的晨风拂动了她那蓬乱的头发。她又望了一眼绿色的土地，不久，青纱帐起，同志们将从那里向敌人射击……

这时，枪响了。赵一曼向前扑了一下，但并未跌倒。她用尽全力喊着："中国共产党万岁！"这倔强的声音，始终没有被凌乱的枪声压下去……

……匪徒们用枪弹和刺刀夺去了赵一曼的生命。她牺牲的时候，只有三十一岁。然而生命的价值不是用它存在时间的长短来衡量的。这个年轻的生命，正像这夏季的朝阳，它一出山，就显露出那灿烂的光芒，火样的威力！

后　记

这本书所记的，只是抗日民族英雄赵一曼生活中的一些片断。

1905年9月27日，赵一曼出生在四川省宜宾县白杨嘴。她原名李坤泰，学名淑宁，参加革命以后，改名李一超。赵一曼是在东北抗日联军期间所用的化名。为了便于阅读，本书行文时，都用赵一曼这个名字。

赵一曼出身于封建地主家庭，家中一年收租七十石。在党的引导下，她摆脱了封建家庭的重重羁绊，走上了争取人民解放的道路。以后在残酷的阶级斗争中，出生入死，历尽艰难困苦，并且克服了自身许多弱点，成为一个坚强的革命战士。

1936 年，她在东北抗日联军第三军第二团任政治委员时，作战受伤被俘，在监狱和法庭上，她向日本侵略者作了英勇不屈的斗争，最后从容就义。

作为职业革命家，赵一曼长时期同家庭断绝了一切关系。曾经和她相处过的同志，很少知道她的身世。全国解放以后，烈士的二姐李坤杰向有关部门探询她的下落，原东北抗联第三军政治部主任冯仲云和原中共满洲省委组织部长何成湘看到烈士的照片，才证实赵一曼就是李一超。

我们根据这些线索进行采访，并且查阅了有关的档案材料。这本小书就是采访的简单记录。为了忠于历史事实，书中涉及的人物都是用的真名字。